JN074817

スポーツパフォーマンスを向上させる

スポーツビジョントレーニング
基礎と実践

著　日本スポーツビジョン協会・日本スポーツビジョン医科学研究会

監修　内田 順三、石橋 秀幸

はじめに

　スポーツの現場では、「あの選手は反射神経がよい」とか「あの選手は反応が悪い」などの表現が使われることがあります。

　「反射と反応の違い」とは何か、確認しておきましょう。反射は外的な刺激に対して、意識することなく発生する身体の応答です。膝蓋腱反射が有名です。眼の前に虫や物が飛んで来たとき、無意識に眼を閉じるのも反射です。反応は意識的な応答であり、脳を経由することが重要なポイントです。

　脳科学の進歩に伴い、「見る」という行為は脳で行われていると考えられています。つまりスポーツビジョントレーニングで、反射神経をよくすることはできませんが、反応を高めることは可能です。

　スポーツビジョンの目的は、スポーツ選手の視覚能力や視覚と身体機能の結びつきを最大限に発揮させることで、運動機能を向上させ最高のパフォーマンスを発揮させること、そしてよりよい競技成績を獲得しようとするものです。

　適切な視力を獲得した後に、スポーツ選手に必要となるフィジカルトレーニングとビジョントレーニングを絡めて行う

ことで、視覚と身体機能の結びつきを高め、反応が高まり、
競技パフォーマンスの向上につながっていきます。

　本書『スポーツビジョントレーニング 基礎と実践』は、
ビジョントレーニングとパフォーマンスの関係、ビジョント
レーニングの要因、基礎的な機器を使わない・機器を使うビ
ジョントレーニングの方法、そして練習の中で行う実践的な
ビジョントレーニングの方法まで網羅しています。
　スポーツビジョントレーニングが、スポーツの分野だけで
なく、日常生活における私たちの活動、子どもたちの発育、
高齢者の健康などに寄与し、「全ての人が、自分の最大限の
パフォーマンスを発揮して生きる」というビジョンの可能性
が拡がっていくことを期待しています。

（一社）日本スポーツビジョン協会 代表理事
日本整形外科学会専門医
日本整形外科学会認定スポーツ医
日本スポーツ協会公認スポーツドクター
長田 夏哉

はじめに

第**1**章 **ビジョントレーニングとスポーツパフォーマンス**……… 1
ビジョントレーニングを行う前に………… 2
頭部の固定と競技パフォーマンス………… 3
頭部を固定させる体幹筋力………… 4
眼球運動の安定と眼球のスムーズな動き………… 6
スポーツで必要になる眼球運動………… 7
周辺視野と競技パフォーマンス………… 8
中心視と視野の範囲………… 9
両眼視機能の重要性………… 10
スポーツで重要となる周辺視野………… 11
アメリカで始まったスポーツビジョン………… 12
アメリカのスポーツビジョン：目的と必要性………… 13
スポーツビジョンの前提条件………… 14
日本のスポーツビジョントレーニング………… 15
スポーツビジョン測定の項目・矯正・種目………… 16
スポーツビジョン測定種目：視力………… 17
スポーツビジョン測定種目：両眼視機能………… 18
スポーツビジョン測定種目：感知力・適応力………… 19
ビジョントレーニングだけで競技力は向上しない………… 20
ビジョントレーニングの考え方………… 21

第**2**章 **ビジョントレーニングの構成要素**……………………… 23
スポーツ選手に必要な体力………… 24
ビジョントレーニングの構成要素………… 25
体力の構成要素：基礎体力「足し算」で考える………… 26
体力の構成要素：専門体力「掛け算」で考える………… 27
機器の構成要素：機器を使う………… 28
機器の構成要素：機器を使わない………… 29
コラム スマホの弊害………… 30

第**3**章 **ビジョントレーニング 基礎編　機器を使わない**……… 31
眼球運動を向上させる………… 32
眼筋の偏った動きを改善する………… 33
知っておきたいストレッチの効果と種類………… 34
眼の動的ストレッチ………… 35
追従性眼球運動………… 39
周辺部の感知力を向上させる………… 43
体幹筋力の強化………… 49
効果的なビジョントレーニングの実施方法………… 54
トレーニング効果の現れ方………… 56

第4章 ビジョントレーニング 基礎編 機器を使う............57

専用機器を使う............ 58
V-training 2G　トレーニングモード............ 59
V-training 2G（瞬間視記憶）............ 60
V-training 2G（空間認識）............ 61
V-training 2G（周辺部の感知力）............ 62
V-training 2G（中心部／周辺部の感知力）............ 63
V-training 2G（眼球運動）............ 64
US Air Force Academy Human Performance Laboratoryのビジョントレーニング............ 65
Vision Testing and Training Board............ 66
EyePort Vision Training System............ 67
Brock String............ 68
Near and Far Chart............ 69
Dyna Vision／Reflexion............ 70
Fitlight／Senaptec Eye glass............ 71
Makoto Training Arena............ 72
Eye Speed Concentration Trainer............ 73
Spinning Wheel Test............ 74
簡易機器を使う............ 75
コラム スポーツ眼外傷の予防............ 78

第5章 ビジョントレーニング 実践編 練習の中で行う............79

ビジョントレーニング 実践編............ 80
見方の基準：他競技への応用①............ 82
見方の基準：他競技への応用②............ 83
見方の基準：頭の位置と背骨の動きに気をつける............ 84
野球：よい打者の条件①　見る仮想ラインをつくる............ 85
野球：よい打者の条件②　見ない部分をつくる............ 86
野球：よい打者の条件③　より長く見る............ 87
野球：よい打者の条件④　見て速く反応する............ 88
野球：よい打者の条件⑤　眼を環境に順応させる............ 89
コラム 左対左はなぜ投手有利なのか？............ 90
特殊な見方：投手のストライクゾーンの見方............ 91
特殊な見方：剣道における「遠山の目付」............ 92
眼と身体の協応動作：野球　捕手（予測できる動き）............ 93
眼と身体の協応動作：サッカー　キーパー（予測が難しい動き）............ 94
眼と身体の協応動作：ホッケー　キーパー（予測できない動き）............ 95
眼と身体の協応動作：ホッケー　プレーヤー（予測できない動き）............ 96
コラム 見えない動きへの対応（バドミントン）............ 97
適応力：動きながら動くボールを見る............ 98
適応力：動きながら見る対象を素早く切り替える............ 99
視覚化：見えないものを見る............ 100

参考文献............ 101
著者、監修者、協力紹介............ 102

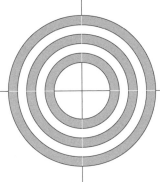

第 1 章

ビジョントレーニングと
スポーツパフォーマンス

◎ ビジョントレーニングを行う前に

　スポーツ活動では、聴覚や触覚、視覚などの感覚器からさまざまな情報を取り入れて、パフォーマンスに結びつけています。それらの中でも最も多くの情報を取り入れているのが視覚といわれています。

　ビジョントレーニングとは、眼の見るチカラ、「視覚機能」を高めるためのトレーニングです。しかしビジョントレーニングといっても、どのようなことをするのか、知られていない部分が多くあります。

行う前に

　ビジョントレーニングを行う前に、とても重要なことがあります。それは「現在、自分がどのくらい見えているのか」ということを正しく理解することです。

　学校の視力検査は、以前は視力検査を数値で評価しましたが、現在はABCDという4段階評価に変わり、視力1.0以下（A以外のB、C、D評価）は視力不足として眼科受診を勧められます[1]。さらにC（視力0.6〜0.3に相当）、D（視力0.2以下に相当）であれば、教室の前方に席を移動しましょうとか、メガネなどの視力矯正を行いましょうといった文部科学省の指導勧告が入ります。

　A：裸眼視力1.0以上に相当
　　　眼鏡は必要ない

　B：裸眼視力0.7以上〜0.9以下に相当
　　　一般に眼鏡がなくても大丈夫だが、本人の希望・相談も必要

　C：裸眼視力0.3以上〜0.7未満に相当
　　　教室の席を、前にしてもらう必要あり
　　　席が後ろの場合は、眼鏡があった方がよい

　D：裸眼視力0.3未満に相当
　　　眼鏡が必要

図1　学校の視力検査（370方式）で、眼鏡が必要な視力基準（文献1より）

　しかし右眼の視力が1.5で左眼の視力が1.0という場合でも、左右の視力は1.0以上なので、評価は同じAになります。このように視力に左右差がある場合、日常生活では支障がなくても、スポーツではパフォーマンスに影響が出る場合があります。

　だからこそ、視力がどのくらい見えているのか、そして左右差はないのか、ということを子ども本人だけでなく、保護者、指導者などが、正しく認識することがとても重要です。

　もし視力不足や視力に左右差があっても、適切な矯正を行っていれば、スポーツパフォーマンスには影響がない[1]ことがわかっています。スポーツ選手はまず視力検査をして、必要な場合は矯正を行って適切な視力を獲得しましょう。それからビジョントレーニングを行いましょう。この順番がとても大切です。

頭部の固定と競技パフォーマンス

　人類史上最速のスプリンターは、2009年8月に100m：9.58秒の世界記録をつくったジャマイカのウサイン・ボルト選手です。最高速度に達したときのストライド（歩幅）は、約2.75m[2]にもなります。人類だけでなく全ての動物の中で世界最速は、時速110kmで走るチーターです。

　ウサイン・ボルト選手とチーターには、走っているときに共通点があります。それは最高速度で走っているときに、頭の位置の動きが非常に少ないことです（図2）。

図2　チーターの頭部の位置は最高速度でも動きが少ない
photo by Gregory Wilson (http://gregoryjwilson.com/) / CC BY (https://creativecommons.org/licenses/by/3.0)

スポーツ選手がプレー中に、動きながら対象者や対象物を見るとき、選手の眼には視対象を見るための眼球運動と、身体のコントロールと関係のある眼球運動が起こっています[3]。「視対象」とは、見る対象のことです。

頭部と眼球は、協同して働きながら対象を捉えている[4]ため、頭部を固定させることは眼球運動の安定につながります。眼球運動が安定すると、視覚からさまざまな情報を取り入れやすくなるため、それらを適切に処理してパフォーマンスに結びつけやすくなるのです。

つまり選手がプレー中に頭部の位置が動くのを小さくすることは、あらゆるスポーツで最大限の競技パフォーマンスを発揮するためにとても重要です。

頭部を固定させる体幹筋力

幼児期の子どもが歩いている姿を思い浮かべてみてください。バランスを取りづらそうに、左右に蛇行しながら歩いている姿が思い浮かぶことでしょう。幼児期の子どもは全身の割合で頭が大きく、さらに身体も柔らかいので、頭部が固定されていません。そのため歩行動作では大人よりも重心を保つことが難しく、前方に体重を倒して重心が移動したときに足を前方に出すだけではバランスが取れないので、左右に蛇行しながらバランスを保って歩いているのです[5]。

また幼児期の子どもが食事を食べる様子を見ると、まだ箸は使えずスプーンやフォークで食べ物をすくって食べています。まだ身体が柔らかく自分の身体を頭部からうまく固定できないため、少し固い食べ物をフォークで刺すことも苦手なのです。

食事のときや、歩行行動など、自分の身体を頭部からしっかり固定して、手足の動きを上手にコントロールするためには、「体幹筋力」が必要になります。体幹とは、頭、腕、脚を除いた胸、腹、尻の身体の幹となる部分のことです[6],[7]。

子どもが成長して、小学生高学年くらいになると「体幹筋力」は成長に伴って発達するので食事で箸を使って食べられますし、歩行動作では蛇行せず頭を水平に保ったまま真っすぐに歩けるようになります。このように

頭部を固定させるためには「体幹筋力」が必要です。

　スポーツ選手のプレー中には、日常生活の動作と比較してとてもハードな動きが要求されます。そこでプレー中に頭部を固定させるために、「体幹筋力」の強化トレーニングを行うことがとても重要になります。

　身体を動きやすくするためには、身体の中心にある肩（肩関節）・身体（体幹）・股（股関節）の、3つのゾーンの柔軟性を高めることがとても重要です。3つのゾーンのストレッチを、しっかり行いましょう。そして肩のゾーンから肘・手首まで、身体のゾーンから首・腰まで、股のゾーンから腿（大腿、下腿）・足首まで、全身の筋肉をストレッチしていきましょう[8]。

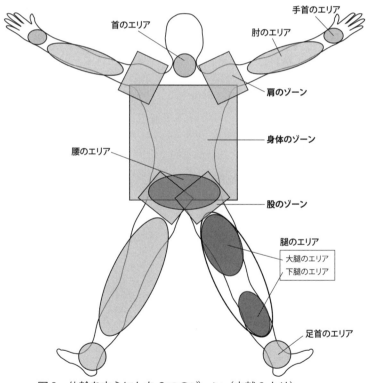

図3　体幹を中心にした3つのゾーン（文献8より）

◎ 眼球運動の安定と眼球のスムーズな動き

　スポーツ選手がプレー中に頭部を固定させることができるようになれば、眼球運動の安定と眼球のスムーズな動きができるようになります。眼の筋肉には外眼筋と内眼筋があり、眼球内にある毛様体と虹彩の筋肉を内眼筋といいます。眼球を色々な方向に動かす、上直筋、下直筋、外直筋、内直筋、上斜筋、下斜筋、この6本の筋肉の総称を外眼筋（図4）といいます[1]。

　眼球運動には外眼筋（図4）が関わっています。各視線方向で主に働く外眼筋を（図5）に示します。作用が反対方向の筋を拮抗筋といい、左右眼で作用方向が同じくペアになる筋は共同筋といいます[9]。

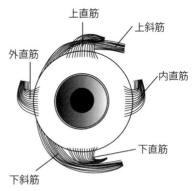

図4　外眼筋。右目（文献1より）

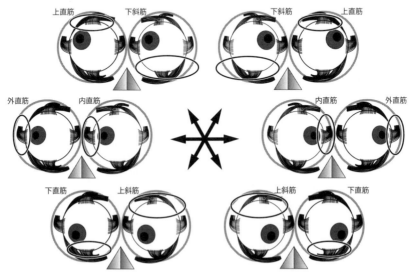

図5　外眼筋の作用方向（文献9より）

スポーツで必要になる眼球運動

　眼球運動は大きく分けて、追従性眼球運動と衝動性眼球運動があります。

追従性眼球運動

　ある速度で動く対象物を、追従して見続ける眼球運動です。最大45°/s程度まで追従可能といわれています[9]。球技スポーツでは、球の動きを追従するために必要な眼球運動でとても重要です。

> ※「滑動性追従眼球運動」ともいいますが、本書では「追従性眼球運動」の表記で統一します。

衝動性眼球運動

　対象物に、素早く視線を移動させて見る眼球運動です。この対象物を素早く切り替えて見る眼球運動は、途中で軌道を修正できません[9]。この眼球運動が、日常的な視線移動運動のほとんどを占めています。

　眼球のよせ運動に、輻輳と開散があります。よせ運動とは、両眼が反対方向へ動く非共同性の運動です。近くの対象物を見るとき両眼がよることを輻輳、遠くを見るとき両眼が離れることを開散といいます。

　とくに球技スポーツのプレー時には、ボールや人を追うように見る眼球運動が、またあらゆるスポーツで視線を飛ばすように見るという眼球運動が必要になります。

周辺視野と競技パフォーマンス

　自分の周囲を一番広く見ることができる動物は、馬（サラブレッド）です。馬の視野は350°もあり、真後ろ以外は眼を動かすだけで見ることができます[10]。

　サッカーやバスケットボールなどの球技スポーツでは、プレー中に瞬時に入れ替わる敵と味方、そして自分との位置関係を確認・把握することが必要なので、広い「視野」はとても重要です。

　馬（サラブレッド）のような広い「視野」があれば理想ですが、人間の視野について、自分の周囲をどのくらいの角度まで見ることができるのか考えてみましょう。

中心視、有効視野、周辺視野

　人間の視野は、左右にそれぞれ100°くらいあります。しかし視野の中で必要なものの色や形を明確に識別できるのは、注視点から1〜2°の範囲だけで、これを中心視といいます（図5）。

　中心視のまわりで、必要なものを識別できる4〜20°の範囲を、有効視野といいます（図5）。有効視野の広さは、注視点の周りに出現したものにいかに早く気づくかという認知率と、注視点からどれくらい離れた点に気づくかという広さの2つの要因に関与しています。

　中心視と有効視野以外の視野の範囲を、周辺視野といいます（図5）。周辺視野は、ぼんやりと見えていてもあまり意識が集中していません。そのため、動くものは認識しやすいのですが、動かないものは認識しにくいという傾向があります。

　有効視野、周辺視野は、加齢によって狭くなっていく傾向があります。加齢によって視力は低下し、なかでも動体視力（動きながら動いているものを見る場合の視力）の低下は、静止視力より低下の度合いが大きくなります[11]。

◉ 中心視と視野の範囲

　正面を見たときに眼球を動かさないで見える空間の範囲を視野といい、視野の中で最も感度の高い中心視（図6）を見る能力を視力といいます。人間の正常な視野の範囲は、上側60°、下側70°、耳側100°、鼻側60°といわれています（図7）。

　人間は誰でも見ようとする注視点より右側に約15°のところに視野の欠けている部分があり、盲点（マリオットの盲点）といいます（図7）。ここには網膜がないため光が当たっても感じることができません。

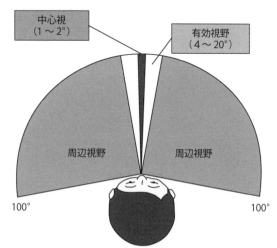

図6　中心視、有効視野、周辺視野（文献1より）

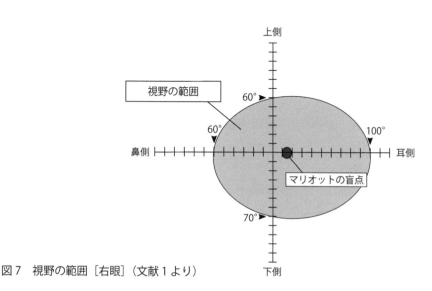

図7　視野の範囲［右眼］（文献1より）

9

両眼視機能の重要性

　両眼視とは、右眼の視覚と左眼の視覚が大脳の視覚中枢で同時に認識される感覚と定義されています[12]。人間は両眼で見ることで距離感や立体感を認識することができます。スポーツだけでなく、日常生活においても両眼視機能はとても重要です。

　両眼視機能が正常の場合は、左右のそれぞれの視覚（単眼視）は個々に認識（同時視）されます。両眼視野は右眼の視野と左眼の視野が重なった部分で、周辺視野の融像（両眼単一視）が行われます（図8）。

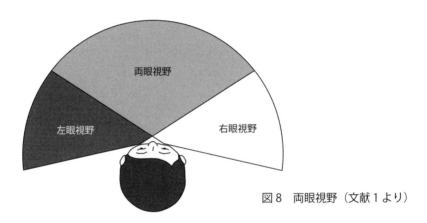

両眼視野

左眼視野

右眼視野

図8　両眼視野（文献1より）

両眼視を可能にする必要要素

　①両眼の視力に大きな差がない、②両眼の網膜像の大きさに大きな差がない（大きな不等像視がない）、③顕性の斜視がなく外界の視物が同時に両眼の中心窩に投影される、④各眼の中心窩はそれぞれ同一の局在値をもつ（正常網膜対応がある）、⑤視覚中枢に両眼視細胞が存在する。

　日常視において両眼視を可能にするには、以上5つの必要要素がありますが、逆にその要素がなければ、両眼視は発達しません[13]。視力の発達は6歳頃には完成されるため、そのために3歳児検診を受けること、そして就学前検診で視力検査を受けることが重要です。

スポーツで重要となる周辺視野

　サッカーやバスケットボール、ホッケーなどの集団球技では、周辺視野で敵味方・自分の位置、動きの確認ができれば、正確で素早い反応やプレーにつながります。

　テニスや卓球など1対1の球技でも、周辺視野で相手と自分の位置・ボールの動きの確認が直後のプレーにつながります。広く情報集収集ができる周辺視野はスポーツでとても重要です。

　野球で飛球（フライ）を捕球するときは、打球が上がった瞬間から自分が動きながら中心視で球の軌道を追い続け【追従性眼球運動→P7】、打球の落下地点に到達して捕球します。同時に周辺視野で、近くの外野手の動きやフェンスまでの距離感も確認しています。

　自分が動かない状況で、周辺視野内で動くものは認識しやすいのですが、自分が動いている状況でほかの選手も同じくらいの速度で動いていると認識しにくくなります（相対速度が同じになることで周辺視野内での動きが少なくなる）。そのためプロ野球選手でも、飛球を捕球しようとして2人以上の野手が交錯することがあります（図9）。

図9　外野手同士の交錯

11

アメリカで始まったスポーツビジョン

1930年代アメリカで、スポーツと視覚に関する研究が始まりました[14]。その後、研究の数は徐々に増加していき、1978年Optometrist※の協会（AOA）にスポーツ研究部門のAOA-SVS（Sports Vision Section）が設立され、1984年には別の研究機関としてNASV（National Academy of Sports Vision）が設立されました。

AOAはO.D.（Optometrist Doctor※）の称号を持つ者しか参加できませんが、NASVはOptometristに加えてOphthalmologist※、Optician※、スポーツトレーナー、スポーツコーチや選手まで参加できます。NASVは、IASV（International Academy of Sports Vision）に名称が変更されました。

アメリカで考えられているスポーツビジョンとは、スポーツと視覚の関係を総合的に研究する医科学であり、その内容は眼科や脳神経外科などの医学から、脳科学、生理学、心理学や体育学などさまざまな分野と関係しています。

※Optometrist
　アメリカの眼に関する国家資格の一つで、O.D.（Optometrist Doctor）の称号がつく。矯正レンズの処方や視機能訓練を行うことができます。日本にはこの資格はありません。

※Ophthalmologist
　医師（Medical Doctor）として、検査や治療に携わることができます。外科的治療から薬物治療まで施すことができます。日本の眼科医と同じです。

※Optician
　アメリカでは眼鏡店の開業に際し、この資格を持つ者を責任者として1店に1人配置することが義務づけられています。処方や視機能訓練には直接携わることはできませんが、州によっては視力検査やレンズ装用のアドバイスを行うことができます。日本にはこの資格はありません。

アメリカのスポーツビジョン：目的と必要性

スポーツビジョンの目的

　アメリカで考えられているスポーツビジョンの目的は、「スポーツ選手の視覚能力や視覚と身体機能の結びつきを最大限に発揮させ、運動機能を向上させ、最高のパフォーマンスを発揮させること、そしてよりよい競技成績を獲得しようとすること」です。

スポーツビジョンの必要性

　アメリカでは、スポーツビジョンの必要性として、以下の3つがあげられています[15]。

1. 選手が身体能力を十分に発揮して、競技力の向上を図る

　スポーツ選手が身体能力を発揮するためには、視覚が機能すること、眼に疾患がないことが必要条件です。スポーツビジョン検査によって、これら眼の問題も確認することができます。

2. スポーツ眼外傷を減少させる

　スポーツ眼外傷は発生件数が高くないのですが、重篤な障害に至る例も多いため眼の保護もスポーツビジョンと捉えて、スポーツ眼外傷を減少させることは重要です。

3. 新たな視機能や視覚能力が解明できる機会になる

　スポーツという特殊な状況での、視覚能力や視覚と身体の関連性が体系的に研究されることで、多くの可能性が広がります。スポーツだけでなく、日常生活における子どもや高齢者の視覚と身体の関連など、今まで明らかになっていない機能や能力が解明されれば、子どもの発育、高齢者の健康などに寄与する可能性も考えられます。

スポーツビジョンの前提条件

　アメリカで考えられているスポーツビジョンの目的を実現するためには、4つの前提条件、「検査」「矯正」「保護」「強化」が必要となります。

「検査」

　スポーツ選手が、各競技で必要な視機能、視覚能力を測定し、各競技特性に合わせた分析・評価をすることです。そのために検査項目は、視機能の測定、視覚能力の測定、視覚と身体の協調性の測定など、多岐にわたっています。

「矯正」

　スポーツ選手の低下している視機能、視覚能力を矯正して、競技力を向上させようとすることです。その方法として、視力矯正と視覚矯正が考えられています[15]。

　視力矯正は、視力の低下している選手に、コンタクトレンズや眼鏡を装用させ、視力を向上させようとするものです。視覚矯正は、バランスボールやバランスボード、バランスディスクなどを使用して、選手の視覚の能力を向上させようとするものです。

「保護」

　スポーツ競技中に起こる眼外傷や環境からスポーツ選手の眼を保護して、競技に専念できるようにすることです。眼を保護する道具として、眼外傷にはスポーツ用保護眼鏡、眼の環境に対してはサングラスなどが考えられています。

「強化」

　視覚能力や視覚と身体の協調性、視覚情報のイメージ化など、さまざまな能力をトレーニングして、それらの能力を向上させることで競技力の向上を図ろうとすることです[15]。

　これら4つの前提条件から、まず視機能の検査をして、適切な視力矯正をしてから、スポーツビジョントレーニングを実施していくという流れが重要です。競技力を向上させるためには静止視力の矯正（屈折異常の矯正）

が最も確実である [16)] という根拠ある報告があります。スポーツ選手は、視機能の検査と適切な視力矯正の重要性をまず理解しなければなりません。

 # 日本のスポーツビジョントレーニング

　1986年、AOA-SVS【AOA-SVS→P2】の研究者フィリップ・スミス氏を白山晰也氏（㈱東京メガネ社長：当時）が日本に招き「スポーツビジョン講演」を開催しました。これが日本におけるスポーツビジョンのルーツとされています [1)]。白山氏は同年スポーツビジョンセンターを東京に開設し、現在の日本スポーツビジョン協会※に至るまで、30年以上も活動を支えてきました。

　同じく1986年にプロ野球の広島東洋カープは、当時の松田耕平オーナーの指示で内田順三氏（打撃コーチ：当時）が、ロイヤルズ（メジャーリーグ）で取り入れられていた「スポーツビジョントレーニング」を、現場の打撃指導に応用しました。

　当時ロイヤルズでは、眼の輻輳機能【輻輳→P7】を意識させるための特殊なレンズを使ったトレーニングや、打者がインパクトの瞬間を眼でしっかり捉えるトレーニング（周囲が暗い環境で打撃練習を行って、バットとボールが当たるインパクトの瞬間に「フラッシュ」が光り、その光をしっかり「見る」訓練）を行っていたそうです。

　インパクト時の光をしっかり「見る」ためには、頭部の位置を固定することが大前提になります【頭部の固定→P3】。そして頭部を固定するためには、身体のラインを一直線にして体軸を真っ直ぐに意識することが必要となります。内田氏によると、体軸を安定させるためには、まず現場でさまざまなフィジカルトレーニングや実技練習が必要であり、それから正しい「見方」で実践的な打撃練習やトレーニングを繰り返すことでスイングの回転軸が安定して、打撃パフォーマンスも向上していくそうです。

　つまりビジョントレーニングとは「見る」だけのトレーニングではなく、「見る」ことから始まる一連のフィジカルトレーニングや実践的な練習を統合したトレーニングであると考えられます。

スポーツビジョン測定の項目・矯正・種目

スポーツビジョン測定項目・矯正の考え方

　一般社団法人日本スポーツビジョン協会は、スポーツビジョン測定の結果から視力矯正が必要という評価が出た選手には、まず適切な視力矯正を勧めています（表1）。

表1　スポーツビジョン測定項目・矯正の考え方（文献1より）

測定項目	矯正の考え方
◎視力	視力矯正
◎両眼視機能	
◎感知力（中心部）	視覚矯正
◎適応力	

スポーツビジョン測定の項目・種目

　一般社団法人日本スポーツビジョン協会では、正しく、再現性のある測定を実施し、根拠あるフィードバックを行うため、2019年8月から認定

表2　スポーツビジョン測定項目・種目（文献1より）

測定項目	測定種目	
視力	○静止視力	単眼、両眼
	○ KVA 動体視力	両眼
両眼視機能	○深視力	
	○立体視	
感知力（中心部）	○瞬間視	
適応力	○眼と手の協応動作	

資格制度をスタートさせました。同協会が認定・推奨するスポーツビジョン測定項目・種目は表2の通りです。

スポーツビジョン測定種目：視力

　一般社団法人日本スポーツビジョン協会が、認定・推奨する、スポーツビジョン測定は、以下の通りです。

視力

①静止視力

　一般に視力として単眼、両眼で測定します。視力検査は、2点または2線が離れている単位視標（図10）を識別できる能力を測定します[1]。

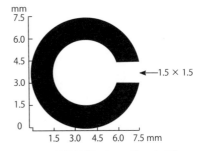

図10　単位視標（ランドルト環）

②KVA動体視力

（KVA：Kinetic Visual Acuity）

　前方から直線的に時速30kmで接近してくる単位視標（図10）を、正確に読むことができるか測定します[1]。

　静止視力とKVA動体視力は、同じ測定器（図11）で測定ができます。この測定器は、自動車運転免許更新の際、静止視力の測定で用いられています。

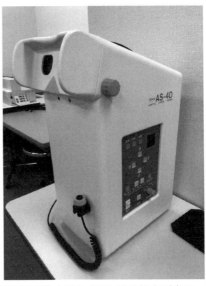

図11　静止視力/KVA動体視力測定器

スポーツビジョン測定種目：両眼視機能

両眼視機能
③深視力

　深視力とは、奥行きを認識する感覚です。遠方と近方で離れた2点の距離の差を区別できる最小値を立体視差であらわします。深視力測定の要素の中に、立体視機能遠近感覚が含まれます。深視力検査器（図12）で測定します[1]。

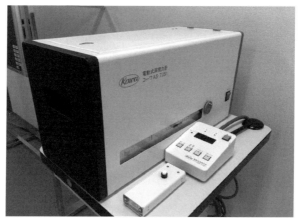

図12　深視力検査器

④立体視

　立体視とは、左右の眼の網膜に映った映像のズレで外界を立体的に感じる・見ることができる能力です。立体視は、観察対象の位置を判断する静的立体視と、動きを判断する動的立体視があります[12]。スポーツビジョン測定では、静的立体視を立体視検査器具（図13）で測定します[1]。

図13　立体視検査器具

スポーツビジョン測定種目：感知力・適応力

感知力

　短時間の視覚刺激によって、記憶できる視覚情報を保存する能力を測定します。中心部の感知力、瞬間視力ともいわれています。

⑤瞬間視

　3×3のマスに9つの数字を表示し、記憶した数字の正解数を測定します。測定にはV-training 2G 測定モード（図14）を用います[1]。

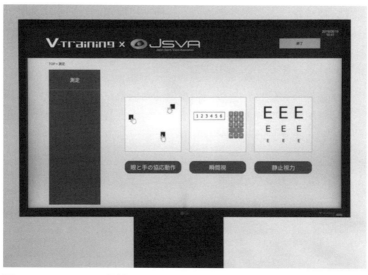

図14　V-training 2G 測定モード

適応力

　視覚能力や視覚と身体の協調性など、スポーツ競技において選手に必要と思われる適応能力を、眼と手の協応動作で測定します。

⑥眼と手の協応動作

　ランダムに点灯するライトを指先で押し、その速さ・エリア別の正解割合を測定します。測定にはV-training 2G 測定モード（図14）を用います[1]。

ビジョントレーニングだけで競技力は向上しない

　スポーツビジョンが日本に紹介され30年以上経過しているため、スポーツ現場には大きな間違い、誤解が蔓延しています。その代表的なものに、「ビジョントレーニングだけで競技力が向上できる」と一部の研究者や選手、コーチが考えていることがあります[17]。

　中には「ゴールデンエイジの9〜11歳時に、ビジョントレーニングを行うと効果的で視機能が回復する、脳が活性化する」という研究者までいますが、視力の発達は6歳頃には完成されます。3歳児検診での視力検査や就学前検診を受けること、そして6歳までに適切な矯正を受けることが重要です。ゴールデンエイジの前に、視機能に問題がないか早期発見することの必要性をまず推奨するべきでしょう。また「脳の活性化」については、脳科学的にも全てを説明できていないため、「脳が活性化する」という表現を安易に使うことは危険です。

　スポーツ競技能力には、視機能や視覚能力以外にも運動能力、経験、競技スキル、メンタル、判断力、認知能力、戦術、戦略などさまざまな要素が関与しています[16]。つまりビジョントレーニングだけで、一足飛びに競技パフォーマンスが向上することはないのです。

　たとえ視機能が劣っていても、他のさまざまな機能や能力を駆使して、世界を舞台に活躍しているアスリートはたくさんいます。スポーツに視機能は重要ですが、それによって競技成績が大きく左右されるものではありません。

日本スポーツビジョン医科学研究会

　一般社団法人 日本スポーツビジョン協会は、2018年10月に"スポーツビジョン"を、「スポーツと視覚の研究、スポーツに必要な視機能の総称、眼からの情報を出力する際の身体制御及び身体パフォーマンス、これらの総称」と定義しました[18]。

　そして、いかに視覚とパフォーマンスを効率よくかつ有効につなげるか、という新たなテーマに応えていくために日本スポーツビジョン医科学研究会を設立し、協会の医科学分野を特化、活動を独立させました。

　日本スポーツビジョン医科学研究会は、視覚・脳・肉体の関連性を科学

的に解明するために多方面の専門家で構成されています。2020年からはスポーツビジョン測定・ビジョントレーニングの客観的な評価に関する共同研究を、さまざまな研究機関、大学医学部と共に開始しています。

◉ ビジョントレーニングの考え方

　ビジョントレーニングを行うだけで、スポーツ選手のパフォーマンスを向上させることはできませんが、視機能に問題がない状態からビジョントレーニングを行うことで、視覚と身体機能の結びつきを最大限に発揮させることは可能です。(図15)。

　視覚能力を最大限に発揮させるためには、眼から正確に素早く多くの情報を得る必要があります。だからこそスポーツ選手は、定期的にスポーツビジョン測定【→P16】を受け、必要な場合は視力矯正を行って、常に適

図15　ビジョントレーニングの概念図

切な視力を獲得することが大前提なのです。

　適切な視力を獲得した後に、スポーツ選手に必要となる体力【→P24】とビジョントレーニングを絡めて行うことで、視覚と身体機能の結びつきが高まり、競技パフォーマンスの向上につながっていきます。

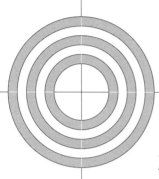

第 2 章
ビジョントレーニングの
構成要素

スポーツ選手に必要な体力

　サッカー選手は「フィジカルが強い、フィジカルが大切」とよくいわれます。フィジカルが強いとは選手の身体が強いという意味で、フィジカルが大切とは体力つくりが大切という意味です。

　そのため体力トレーニングを、フィジカルトレーニングとも呼びます。サッカー選手に限らず、あらゆるスポーツ選手に必要なフィジカルには、以下の10項目があります[10]。

---

①柔軟性　　　（筋肉、関節のやわらかさ）

②筋力　　　　（瞬間的に力を発揮する能力、一定時間力を発揮する能力）

③有酸素能力　（動きの中での心肺系の持久力）

④バランス能力（身体の姿勢を保持する能力）

⑤連結能力　　（身体全体をスムーズに動かす能力）

⑥リズム能力　（リズム感を養い、動くタイミングをつかむ能力）

⑦変換能力　　（状況の変化に合わせて、素早く動きを切り替える能力）

⑧反応能力　　（合図に素早く反応し、適切に対応する能力）

⑨定位能力　　（動いているものと自分の位置関係を把握する能力）

⑩識別能力　　（ボールなどを上手に操作する能力）

---

　①柔軟性、②筋力、③有酸素能力、④バランス能力の4つは、スポーツ選手に限らず人間が健康な生活をしていくために必要な体力で、**基礎体力**といいます[19]。

　さらにスポーツでは、競技特性に応じた専門的な体力が必要になります。これを**専門体力**といいます。スポーツ種目によっては、ポジション別に必要とされる専門体力は異なることがあります。ビジョントレーニングと関連が深いものには**適応力、調整力、視覚化、巧緻性**などがあります。

◉ ビジョントレーニングの構成要素

　スポーツビジョントレーニングで期待されることは、競技パフォーマンスの向上です（図16）。そのためにはビジョントレーニングだけでなく、スポーツ選手に必要なフィジカル10項目【→P24】と、競技特性に応じた専門体力【→P24】を向上させていく必要があります。

体力の構成要素

　スポーツに必要な体力特性には、**基礎体力**と**専門体力**があります。競技パフォーマンスの向上を目指すためには、**基礎体力**を向上させてビジョントレーニングを行う方法【→P26】、**専門体力**を訓練する中でビジョントレーニングを絡めて行う方法【→P27】があります。

機器の構成要素

　機器を使うビジョントレーニング【→P28】には、ビジョントレーニング用に開発された専用機器を使う方法と、簡易機器を使う基礎的な方法があります。**機器を使わない**ビジョントレーニング【→P29】には、自分で実施して継続できる方法と、現場で競技特性に合わせて訓練する実践的な方法があります。

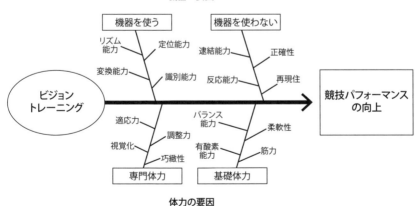

図16　ビジョントレーニングの構成要素

体力の構成要素：基礎体力「足し算」で考える

基礎体力の向上＋ビジョントレーニング＝
競技パフォーマンスの向上！

「柔軟性の向上」＋「ビジョントレーニング」

突発的なケガの予防と身体の動きやすさに通じます。

「筋力の向上」＋「ビジョントレーニング」

たとえばバレーボールやバスケットボールで、瞬発的なジャンプをする筋力、それを何度も繰り返すことができる筋力の向上とビジョントレーニングを合わせて行うことで、ジャンプ中でも正確に対象を見やすくなります。

「有酸素能力の向上」＋「ビジョントレーニング」

たとえばサッカーやホッケーなど、長く動き続けられる持久力があるほど、常に自分が動いている中でも正確に対象を見ることができます。

「バランス能力の向上」＋「ビジョントレーニング」

あらゆるスポーツ競技で、頭部から身体のラインが一直線になる姿勢を保てるほど、頭部が安定して常によい見方ができるようになります。

柔軟性
　柔軟性とは、筋肉、関節の柔らかさのことです。筋肉は疲労や運動などでかたくなり、ケガにつながります。柔軟性の向上は、疲労の軽減や障害予防につながります。

筋力
　筋力には瞬間的に力を発揮する能力と、筋疲労を起こさずに一定の時間に力を発揮できる筋群の能力、または全力の何％かの力を維持する能力（筋持久力）の２つがあります。

有酸素能力
　有酸素能力は、動きの中で酸素を有効に利用できる能力です。具体的には一定の時間の中で取り込める酸素の量と、その酸素を使って運動を行ったときの持久力です。

バランス能力
　バランス能力とは、身体の姿勢を維持する能力です。よい姿勢はトレーニングの効果を上げ、パフォーマンスの向上につながります。

体力の構成要素：専門体力「掛け算」で考える

> 専門体力の向上×ビジョントレーニング＝
> 　　　　　　　　　競技パフォーマンスの向上！

「適応力」×「ビジョントレーニング」

　競技中の相手と自分、周囲の環境の違いなどと絡めて視覚の訓練をすることで、さまざまな異なる条件にも視覚と身体が適応できるようになります。

「調整力」×「ビジョントレーニング」

　競技における手や脚のさまざまな複雑な動きと絡めた視覚の訓練をすることで、効率のよい動きができるようになります。

「視覚化」×「ビジョントレーニング」

　競技中に見ることができない自分や対象の映像を思い描けるように、視覚と絡めた訓練をすることで、自分や対象の動きを俯瞰してイメージできるようになります。

「巧緻性」×「ビジョントレーニング」

　巧緻性は競技の中で鍛えられることが多いので、実践的な動きの中で視覚を絡めて訓練することで、競技特有の動きの巧みさを向上させます。

適応力
　運動すると呼吸や心臓の動きが速くなりますが、同じ運動を長時間繰り返すと、以前より速くならなくなり楽になります。このような能力を適応力といいます[20]。

調整力
　運動はさまざまな能力を結集したものです。運動を調整する能力は、とくに運動を上手にきれいに効率よく行うときに必要とされるものです[20]。

視覚化
　視覚化は、直接見ることができない対象の映像を自分の中で思い描くことです。

巧緻性
　巧緻性は、動きの巧みさ、器用さの能力です。

機器の構成要素：機器を使う

専用機器を使う【基礎編 専用機器を使う→P57】

　ビジョントレーニング用に開発された、専用機器V-training 2G トレーニングモード（図17）を使う方法です。コンピュータプログラムによって実施するのでトレーニングの正確性・再現性が優れています。

　スポーツ選手に必要なフィジカル10項目【→P24】の多くの項目を、ビジョントレーニングを絡めて行うことができます。

簡易機器を使う【基礎編 簡易機器を使う→P75】

　既存の簡易機器を使って、ビジョントレーニングを行う方法です。

　リズム能力（リズム感を養い、動くタイミングをつかむ能力）、変換能力（状況の変化に合わせて、素早く動きを切り替える能力）、定位能力（動いているものと自分の位置関係を把握する能力）、識別能力（ボールなどを上手に操作する能力）などを向上させます。

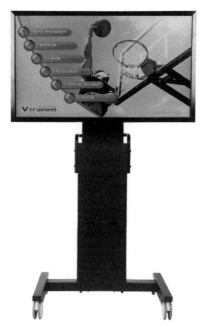

図17　V-training 2G トレーニングモード

機器の構成要素：機器を使わない

自分で行う【基礎編　機器を使わない→P29】

　競技パフォーマンスの正確性、再現性を高めるために、眼のストレッチ（図18）などを自分で行うこと、習慣にすることが重要です。

　機器を使わないで、毎日自分でビジョントレーニングを継続する方法ではとくに、連結能力（身体全体をスムーズに動かす能力）、反応能力（合図に素早く反応し、適切に対応する能力）などを向上させます。

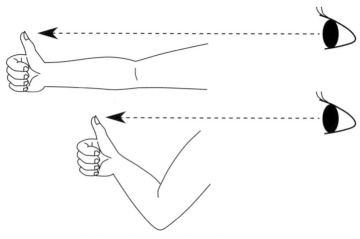

図18　眼のストレッチ（文献1より）

練習で行う【実践編　練習の中で行う→P79】

　機器を使わないで、練習の中でビジョントレーニングを行う実践的な方法です。

　理論や知識をよく分かっていても実際には役立たないことのたとえで「畳の上での水練」ということわざがあります。泳ぐための理論や知識を持っていても、実際に水の中で練習しないと泳ぎは上達しません。実際の練習の中で競技特性に合わせたビジョントレーニングを行うことで、競技に必要な視覚と身体機能の結びつきが向上していきます。

スマホの弊害

　スマートフォン（スマホ）は、その扱い方によって眼にさまざまな弊害を生じさせます。

　スマホの表面には埃や菌などが付着しやすく衛生的とはいえません。手を洗っていてもスマホを清潔に保っていなければ、スマホを使う度に埃や菌が手や指先に付着してしまいます。その手で眼を触ってしまうと、眼に悪影響が生じます。

　人間は両眼で見ることで、はじめて距離感、立体感を認識することができます【→P10】。スマホと眼の距離が30〜50cm程度であれば、眼にかかる負担は小さいのですが、スマホと眼の距離が20cmより近くなると眼にかかる負担は大きくなります（20cmの距離より近くで見るとき、両眼の固視点のズレが大きくなり視覚系への負担が大きくなります）。

　とくに寝る前に、うつ伏せでスマホを見る姿勢が要注意です。この場合、眼とスマホまでの距離は20cmより近くなっていることでしょう。これでは自分で固視点をズラして、視覚系の負担を大きくしています。さらにスマホ画面の明るさによって、脳が覚醒し入眠を妨げます。うまく睡眠できなければ競技パフォーマンスに悪影響を及ぼします。

　さらにスマホを見るときは首が常に下を向いているので、頭の重さを支える首、肩・背中などに負担がかかるため、ぎっくり首（頸椎捻挫）や肩こりを訴える人が増えています。肩や背中に負担がかかると姿勢が悪くなり、背中が丸まって肩が前方に出ることがあります。すると腕の可動域が狭くなって、競技パフォーマンスが低下してしまいます。

　視覚系に負担をかけないように、パフォーマンスに悪影響を及ぼさないように、スマートフォンの使い方をスマートにする（賢くする）ことが、これからのアスリートに求められる条件の1つといえるでしょう。極端な言い方をすれば、「スマホを見ないことがビジョントレーニング」かもしれません。

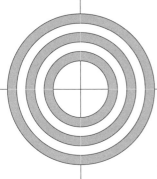

第 3 章

ビジョントレーニング 基礎編
機器を使わない

◎ 眼球運動を向上させる

眼球の動きを確認する

　眼球を色々な方向に動かす筋肉の総称を外眼筋といいます【→P6】。この筋肉がうまく使われていれば、眼球運動がスムーズに行われています。まず自分の眼球運動を確認してみましょう。

スマホの自撮り機能を利用

　眼に弊害の多いスマートフォン（スマホ）ですが、アスリートはスマホをスマートに使いこなしましょう【→P30】。スマホのレンズを自分の顔に向けて、眼球をできるだけ大きく円を描くように回転させる映像を撮影します。時計回り、反時計回りを、それぞれ3回転を目安に撮影してみましょう。

※スマホがない場合は、友人にチェックしてもらいましょう。

◎眼球がきれいな円を描ける人（図19）は、眼球運動が上手にできています。ポイントは、眼球を回転させる速さより、頭が動かず眼の動きが左右対称で丸く曲線になっていることです。時計回り、反時計回りの切り替えが自由自在にできれば、さらに眼球運動がよいといえるでしょう。

○眼球の動きがぎこちない人、五角形や八角形のような角ばった動きになる人は、眼球運動がやや上手にできていないといえます。

△眼球の動きが四角形や三角形のように鋭角的な動きになってしまう人、眼球だけでなく頭も一緒に動いてしまう人は、眼球運動が上手にできていないので要注意です。

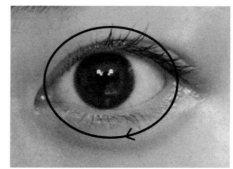

図19　眼球の理想的な動き（イメージ）

眼筋の偏った動きを改善する

　各視線方向で外眼筋はさまざまな動きをしています。しかし一定方向に視線を固定する見方を長時間続けると、その視線方向で作用している外眼筋だけが偏った動きになるため、疲れてスムーズな眼球運動ができなくなります。

　ある動作をするとき、その動作の中心となる筋肉を主働筋といい、主働筋の動きを補助する筋肉を協働筋、主働筋と反対に働く筋肉を拮抗筋といいます。外眼筋では左右眼で作用方向が同じくペアになる筋は共同筋といいます。作用が反対方向の筋は、身体の他の筋肉と同じく**拮抗筋**といいます。

　野球にはスイッチヒッター（図20）と呼ばれる、左右で打つ打者がいます。他の選手に比べて左右で倍の打撃練習を行うので腰に負担がかかると思われますが、意外にもスイッチヒッターに腰痛は少ないのです。

　これは左右で打つことで、筋のバランスのよい発達が促され、また両方向への捻り動作によって軟部組織が左右バランスよくストレッチされるためと考えられています。

　スイングを多く行った後、反対側でもスイングを行うと主働筋と**拮抗筋**のバランスが改善され、ケガ予防や疲労回復などの効果があります。これをアクティブレストといいます。

　アクティブレストの考えを応用して眼球の偏った動きを改善させるためには、眼球をさまざまな方向に動かす動的ストレッチが効果的です。外眼

図20　スイッチヒッター

筋の動的ストレッチで疲労を改善させ、スムーズな眼球運動を獲得しましょう。

知っておきたいストレッチの効果と種類

ストレッチの効果

　ストレッチとは身体の関節が最大に動く範囲（関節可動域）を向上させるために、筋肉や腱を伸ばすことです。

　ストレッチを行うと、筋肉の温度が高まり血液の流れも増加するので、スポーツのウォーミングアップとして効果的です。スポーツの後に行うと、疲労回復や筋肉痛を軽減させる効果もあります。

　身体同様に眼のウォーミングアップとして、運動前に眼の動的ストレッチをすると効果的です。また運動後に眼の動的ストレッチをすることで、疲労回復の効果も期待されます。

ストレッチの種類

　ストレッチには、静的ストレッチ、動的ストレッチ、バリスティックストレッチの3種類があります[8]。

静的ストレッチ
　　ゆっくり筋肉を動かして、その姿勢で一定時間静止します。

動的ストレッチ
　　動きの中で筋肉を動かします。反動を使いません。

バリスティックストレッチ
　　動きの中で反動を利用して、筋肉を大きく動かします。

　眼球の偏った動きを改善させるためには、眼球をさまざまな方向に動かす動的ストレッチが効果的です。

眼の動的ストレッチ

眼の動的ストレッチ（衝動性眼球運動【→P7】）

1. 横の動き①

①両手の親指を左右に揃え、親指の爪が眼の高さになるようセットします。

②①のポジションから両手を肩幅に広げます。頭は動かないように固定し
　たまま、眼だけを動かして指先を交互に見ます（図21）。

　8 回、1 ～ 2 セット。

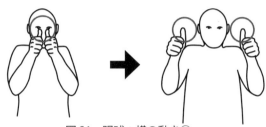

図21　眼球：横の動き①

姿勢のポイント

　親指から眼までの距離は30cm以上離して、頭部から背中にかけて身体
のラインが真っすぐになるように意識しましょう。この姿勢を保つこと
が、頭部の固定につながります（図22）。

姿勢に注意

　親指から眼までの距離が20cmより近くなったり、頭部を前傾させた猫
背の姿勢（図22）にならないように注意しましょう。

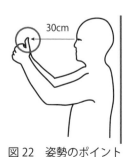

図22　姿勢のポイント

図23　姿勢に注意

1. 眼球：横の動き②

①両手の親指を左右に揃え、親指の爪が眼の高さになるようセットします。

②①のポジションから両手を大きく横に広げます　頭は動かないように固定したまま、眼だけを動かして指先を交互に見ます（図24）。

　8回、1〜2セット。

図24　眼球：横の動き②

2. 眼球：縦の動き

①両手の親指を上下に揃え、親指の爪が眼の高さになるようセットします。

②①のポジションから両手を大きく上下に広げます。頭は動かないように固定したまま、眼だけを動かして指先を交互に見ます（図25）。

　8回、1〜2セット。※左右の手が、どちらが上でも効果は同じです。

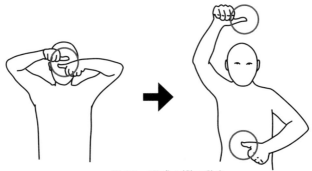

図25　眼球：縦の動き

3.眼球：斜めの動き

①両手の親指を左右に揃え、親指の爪が眼の高さになるようセットします。

②①のポジションから右手は斜め上、左手は斜め下に広げます。頭は動かないように固定したまま、眼だけを動かして指先を交互に見ます（図26）。

4回、1〜2セット。

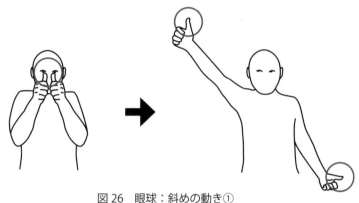

図26　眼球：斜めの動き①

③②の動的ストレッチの後に、再び両手の親指を左右に揃え、親指の爪が眼の高さになるようセットします。

④③のポジションから左手は斜め上、右手は斜め下に広げます。頭は動かないように固定したまま、眼だけを動かして指先を交互に見ます（図27）。

4回、1〜2セット。

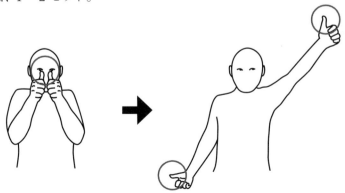

図27　眼球：斜めの動き②

4. 眼球：前後の動き

①両手の親指を左右に揃え、親指の爪が眼の高さになるようセットします。

②①のポジションから左右どちらか片手のみ前に広げます。頭は動かないように固定したまま、眼だけを動かして指先を交互に見ます（図28）。4回、1〜2セット。

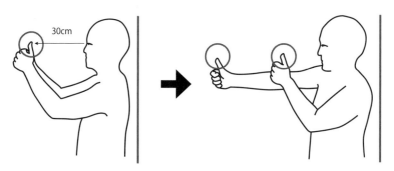

図28　眼球：前後の動き

姿勢に注意：前後の動き

　親指から眼までの距離が20cmより近くなったり、頭部を前傾させた猫背の姿勢（図29）で行わないように注意しましょう。

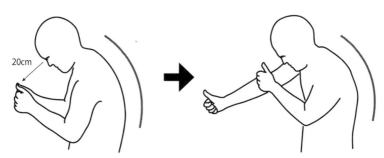

図29　姿勢に注意：前後の動き

追従性眼球運動

　追従性眼球運動【→P7】は、動的ストレッチのように対象物を交互に見るのではなく、動いている対象物を見続ける訓練で向上します。

追従性眼球運動：横1方向

①両手の親指を左右に揃え、親指の爪が眼の高さになるようにセットします。

②①のポジションから、右手だけを外側に向かって真横に動かします。頭は動かないように固定したまま、眼で右手の親指を追いかけて見続けます。続けて内側に向かって真横に動かします。頭は固定したまま、眼で右手の親指を追いかけて見続けます。

③左手も②と同様に行います（図30）。

　スタートポジション⇔右外側 4回、1〜2セット。

　スタートポジション⇔左外側 4回、1〜2セット。

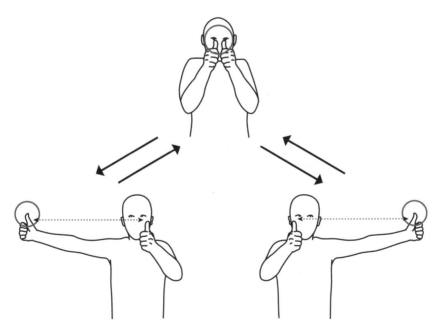

図30　追従性眼球運動（横1方向）

追従性眼球運動：縦１方向

①右手が上、左手が下で、親指の爪が眼の高さになるようセットします。

②①のポジションから、右手だけ上に動かします。頭は動かないように固定したまま眼で右手の親指を追いかけて見続けます。スタートポジションに戻るときも同様に、眼で右手の親指を追いかけて見続けます。

③①のポジションから、左手だけ下に動かします。頭は動かないように固定したまま眼で左手の親指を追いかけて見続けます。スタートポジションに戻るときも同様に、左手の親指を追いかけて見続けます（図31）。

スタートポジション⇔上側４回、１～２セット。

スタートポジション⇔下側４回、１～２セット。

※左手を上、右手が下にして行っても効果は同じですが、時々左右を入れ替えて行ってみましょう。

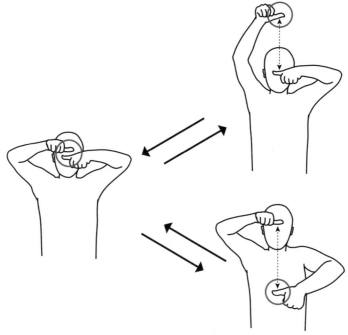

図31　追従性眼球運動（縦１方向）

追従性眼球運動：斜め1方向

①両手の親指を左右に揃え、親指の爪が眼の高さになるようセットします。

②①のポジションから、右手だけ斜め上に動かします。頭は動かないように固定したまま眼で右手の親指を追いかけて見続けます。スタートポジションに戻るときも同様に、眼で右手の親指を追いかけて見続けます。

③①のポジションから、左手だけ斜め上に動かします。頭は動かないように固定したまま眼で左手の親指を追いかけて見続けます。スタートポジションに戻るときも同様に、眼で左手の親指を追いかけて見続けます（図32）。

スタートポジション⇔右斜め上側　4回、1～2セット。

スタートポジション⇔左斜め上側　4回、1～2セット。

こんな方法も

斜め下側も、同様のやり方で行ってみましょう。

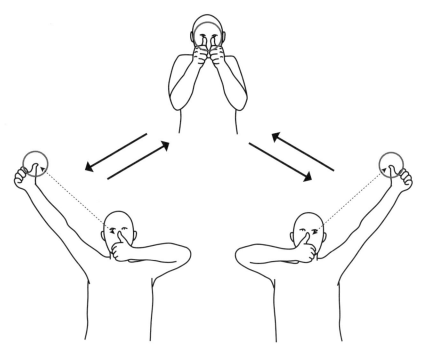

図32　追従性眼球運動（斜め1方向）

追従性眼球運動：前後1方向

①両手の親指を左右に揃え、親指の爪が眼の高さになるようセットします。

②①のポジションから、右手だけ前に動かします。頭は動かないように固定したまま眼で右手の親指を追いかけて見続けます。スタートポジションに戻るときも同様に、眼で右手の親指を追いかけて見続けます。

③①のポジションから、左手だけ前に動かします。頭は動かないように固定したまま眼で左手の親指を追いかけて見続けます。スタートポジションに戻るときも同様に、眼で左手の親指を追いかけて見続けます（図33）。

スタートポジション⇔右手前後 4回、1～2セット。

スタートポジション⇔左手前後 4回、1～2セット。

こんな方法も

斜め下側も、同様のやり方で行ってみましょう。

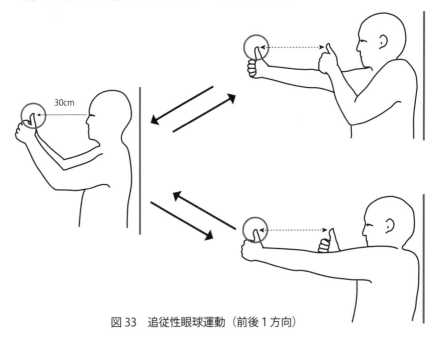

30cm

図33　追従性眼球運動（前後1方向）

周辺部の感知力を向上させる

　スポーツで周辺視野（図5）はとても重要です。この周辺部の感知力は、固視点を変えず2方向の動きを同時に見続ける訓練で向上します。

周辺部の感知力：横2方向
①両手の親指を左右に揃え、親指の爪が眼の高さになるようセットします。
②①のポジションから、左右の手を外側に向かって、できるだけ同じ速さで真横に動かします。頭は動かないように固定したまま、視線は前方に固定して固視点を変えず、2方向の動きを同時に見続けます。
③スタートポジションに戻って繰り返します（図34）。

　スタートポジション→横2方向8回、1〜2セット。

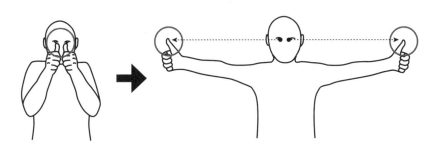

図34　周辺部の感知力（横2方向）

姿勢のポイント
　頭部から背中にかけて身体のラインが、真っすぐになるように意識することがポイントです。この姿勢を保つことが頭部の固定につながります。

注意する姿勢
　左右どちらか1つの動きを、追うように見ることはよくありません。これは追従性眼球運動になってしまい、反対側の動きを感知できません。

周辺部の感知力：縦２方向

①右手が上、左手が下で、親指の爪が眼の高さになるようセットします。

②①のポジションから、右手を上側、左手を下側に向かって、できるだけ同じ速さで縦に動かします。頭は動かないように固定したまま、視線は前方に固定して固視点を変えず、２方向の動きを同時に見続けます。

③スタートポジションに戻って繰り返します（図35）。

　スタートポジション→縦２方向８回、１～２セット。

※左手を上、右手を下にして行っても効果は同じですが、時々左右を入れ替えて行ってみましょう。

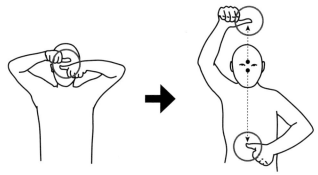

図35　周辺部の感知力（横２方向）

姿勢のポイント

　頭部から背中にかけて身体のラインが、真っすぐになるように意識することがポイントです。この姿勢を保つことが頭部の固定につながります。

注意する姿勢

　上下どちらか１つの動きを、追うように見ることはよくありません。これは追従性眼球運動になってしまい、反対側の動きを感知できません。

周辺部の感知力：斜め２方向

①両手の親指を左右に揃え、親指の爪が眼の高さになるようセットします。

②①のポジションから、右手を斜め上、左手を斜め下にできるだけ同じ速さで動かします。頭は動かないように固定したまま、視線は前方に固定して固視点を変えず、２方向の動きを同時に見続けます。

③①のポジションから、右手を斜め下、左手を斜め上に同様に行います（図36）。

スタートポジション→右手斜め上、左手斜め下４回、１〜２セット。
スタートポジション→左手斜め上、右手斜め下４回、１〜２セット。

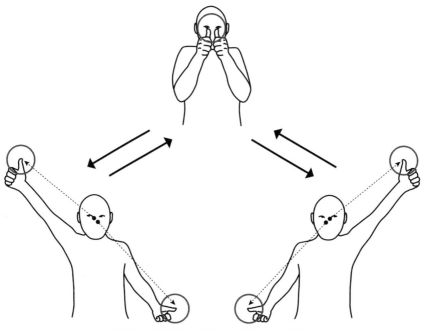

図36　周辺部の感知力（斜め２方向）

注意する姿勢

　上下どちらか１つの動きを、追うように見ることはよくありません。これは追従性眼球運動になってしまい、反対側の動きを感知できません。

周辺部の感知力：不規則な２方向

①両眼を閉じた状態から、両手を伸ばして適当な位置へ配置します。

②両眼を開けて頭は動かさず、視線は前方に固定して固視点を変えず、両手が見えるか確認します。

③再び眼を閉じて、手の位置を不規則に変えて繰り返します（図37）。

　６回　１〜２セット。

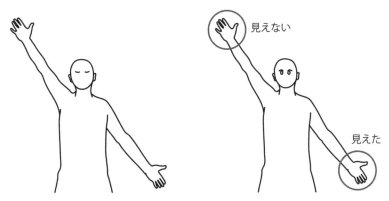

図37　周辺部の感知力（不規則な２方向）

両手を伸ばすポイント

　両手が身体より前方にある場合は感知しやすいのですが、両手が身体より後方にある場合は感知しにくくなります（図38）。感知しにくい位置にも、あえて両手を伸ばして訓練してみましょう。ただし後方の限度は、左右の耳側100°【→P9】です。これを超えると感知できません。

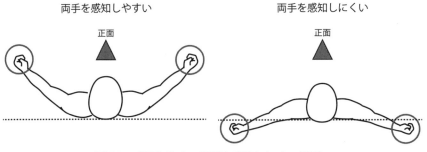

図38　感知しやすい場所と感知しにくい場所

周辺部の感知力：速さの異なる２方向

①両手を伸ばして、不規則な速さで曲線を描きます。

②頭は動かさず、視線は前方に固定して固視点を変えず、両手（２方向）の不規則な速さの曲線の動きが見えるか確認します（図39）。

　６回　１〜２セット。

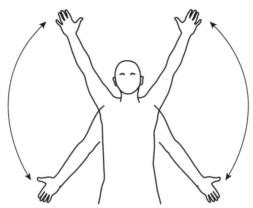

図39　周辺部の感知力（速さの異なる２方向）

こんな方法も

　左右（２方向）で速さが異なる場合は感知が難しい（動きが速いほうが認知しやすく、遅い動きは感知しにくい）ので、まず片手だけ（１方向）で動きを速くしたり遅くしたりして練習しましょう（図40）。

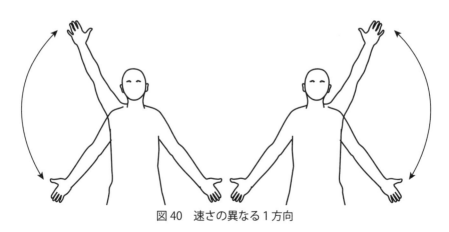

図40　速さの異なる１方向

周辺部の感知力：2人で行う

①パートナーと50cmの距離で向かい合います。

②パートナーが両手を不規則な位置に広げ、合図と共に指で1〜5の数字を不規則に素早く同時に示します。視線は前方に固定して固視点を変えず、出された2つの数字を読んで答えます（図41）。

6回　1〜2セット。

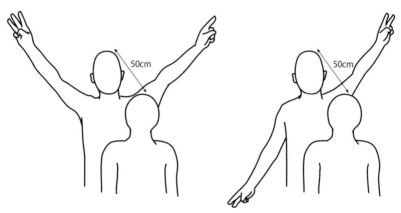

図41　周辺部の感知力（2人で行う）

こんな方法も

　指で示された数字が感知できない（読めない）場合は、パートナーに50cmより遠くに離れてもらうと感知しやすくなります（図42）。

図42　2人で行う（離れると感知しやすい）

体幹筋力の強化

　体幹とは、頭、腕、脚を除いた胸、腹、尻の「体の幹」となる部分のことです。頭部をしっかり固定して、よい見方をするために体幹筋力が必要です。体幹が安定すれば、見方が安定して手足の動きを上手にコントロールできるようになります。視覚と身体機能の結びつきを向上させ、競技パフォーマンスを向上させるために体幹筋力はとても重要です。ビジョントレーニングと合わせて、体幹トレーニングもしっかり行いましょう。

1. 上体反らし①
①体操座りの姿勢から頭を膝の間に入れます。
②手を離さないで、大きく上体を反らせます（図43）。
　10秒間維持　1〜2セット。

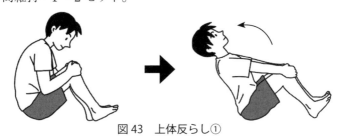

図43　上体反らし①

2. 上体反らし②
①両手を体側に沿って広げて、膝を曲げて座った姿勢からスタートします。
②両手を後方に引きながら、大きく上体を反らせます（図44）。
　10秒間維持、1〜2セット。

図44　上体反らし②

3. 上体ひねり①

①膝を曲げて座り、両肘を90°に曲げた姿勢からスタートします。

②左右にできるだけ大きく上体をひねります（図45）。

　左右10秒間維持　1〜2セット。

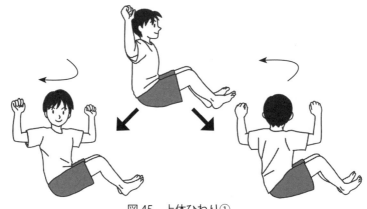

図45　上体ひねり①

4. 上体ひねり②（バージョンアップ）

※バランスボールの上に座って行います。

①膝を曲げて座り、両肘を90°に曲げた姿勢からスタートします。

②左右にできるだけ大きく上体をひねります。

　左右10秒間維持　1〜2セット。

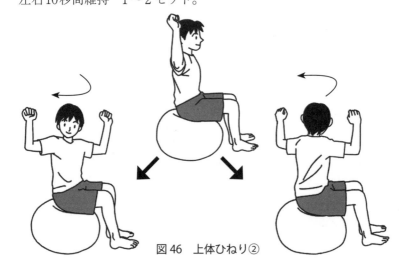

図46　上体ひねり②

5. 両膝 引き寄せ上げ

①体操座りの姿勢から、両手で身体を支えます。

②両膝を合わせるように、引き上げます（図47）。

　　5秒間維持　2〜3セット。

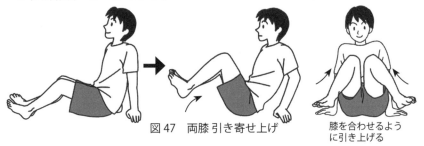

図47　両膝 引き寄せ上げ

膝を合わせるよう
に引き上げる

6. 両手伸ばし＆両かかと上げ

①体操座りの姿勢から、両手を胸の前でクロスして姿勢を維持します。

②両手を上に伸ばして、両かかとを上げます（図48）。

　　3秒間維持　2〜3セット。

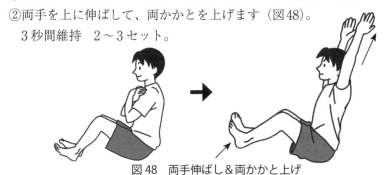

図48　両手伸ばし＆両かかと上げ

7. 上体（胸）ひねり

①体操座りの姿勢から、両手を胸の前でクロスして姿勢を維持します。

②片腕を伸ばして、上体（胸を意識して）を大きくひねります（図49）。

　　左右5秒間ずつ　2〜3セット。

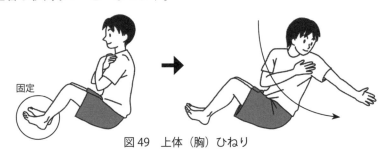

固定

図49　上体（胸）ひねり

8. 腕立て膝引き寄せ

①腕立て、両足は肩幅に開いた姿勢からスタートします。

②肘を曲げながら、片膝を肘に引き寄せます（図50）。

※片膝を引き寄せたとき、膝とつま先を地面につけないようにします。

※上から見たときに、背中が左右に曲がっていないようにします。

片膝を肘に引き寄せた姿勢で3秒間維持 5回〜10回 左右2〜3セット。

※最初は5回から始めて、10回を上限に徐々に回数を増やします。

地面につけない

図50　腕立て膝引き寄せ

9. 腕立て上体伏せ

①腕立て、両足は肩幅に開いた姿勢からスタートします。

②腕を伸ばしたまま、両膝を曲げて上体を伏せます（図51）。

※上体を伏せたとき、両膝を地面につけないようにします。

※横から見たときに、腕と身体が一直線になるように意識します。

上体を伏せた姿勢で3秒間維持 5回〜10回 左右2〜3セット。

※最初は5回から始めて、10回を上限に徐々に回数を増やします。

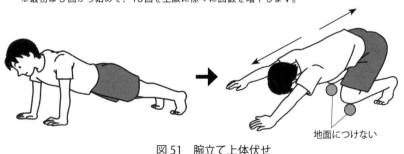

地面につけない

図51　腕立て上体伏せ

10. 片足後方蹴り上げ①

①四つん這いの姿勢から、両膝が地面につかないように上げます。

②片足を後方から上方に向けて大きく蹴り上げます（図52）。

※膝の角度は90°にキープして、大きく蹴り上げます。

左右5回〜10回　2〜3セット。

※最初は5回から初めて、10回を上限に徐々に回数を増やします。

地面につけない　　　膝を地面につけない

図52　片足 後方蹴り上げ①

11. 片足後方蹴り上げ②

①腕立て、両足は肩幅に開いた姿勢からスタートします。

②片膝を胸につけるように引き寄せます。次に上体を後方に移動させながら、曲げた膝を伸ばして足を真っすぐ後方に伸ばします（図53）。

※横から見たときに、腕と身体が一直線になるように意識します。

※足を後方に伸ばしたときに、身体が横に開かないように意識します。

左右5回〜10回　2〜3セット。

※最初は5回から初めて、10回を上限に徐々に回数を増やします。

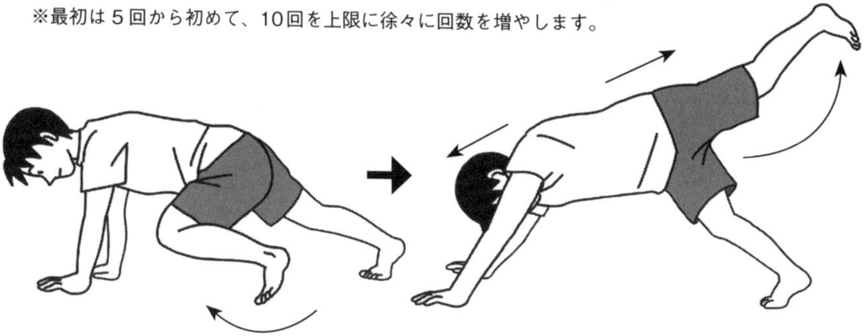

図53　片足 後方蹴り上げ②

12. 片手片足バランス

①立位で両手を胸の前でクロスした姿勢からスタートします。

②片手を伸ばしながら上体を前傾させて、伸ばしている手と反対の足を上げます。横から見たときに、伸ばした片手・身体・上げた片足が一直線になるようにします。そのままの姿勢を維持します（図54）。

※姿勢を維持しているとき、身体が横に開かないように意識します。

片手・身体・片足が一直線になる姿勢で3秒間維持。

これを5回〜10回 反対も同様 2〜3セット。

※最初は5回から始めて、10回を上限に徐々に回数を増やします。

図54　片手片足バランス

◎ 効果的なビジョントレーニングの実施方法

　ビジョントレーニングを効果的に行うためには、メニューをうまく分割して、行うタイミング、頻度を考えて実施する必要があります。

眼球運動のチェック【→P32】

　眼球運動が上手にできているかの確認は、毎日行う必要はありません。

週に 1 回くらいの割合で十分です。定期的に確認しましょう。

眼の動的ストレッチ【→P35〜P38】

　眼球運動をスムーズに行うために、運動前に毎日行いましょう。また運動後にも行うと疲労軽減のために効果的です。一度に多くの回数を行うことより、少ない回数で毎日継続することが重要です。

追従性眼球運動【→P39〜P42】

　動いている対象物を見続ける、追従性眼球運動のトレーニングを行うタイミングは、運動前（とくに球技の場合は球を扱う前）が効果的です。

　サッカーやホッケーなど、長く動き続けられる持久力があるほど、常に自分が動いている中でも正確に対象を見ることができます【→P26】。そこで疲れているときに、あえて追従性眼球運動を行って、疲れているときと疲れていないときの違いを確認することも重要です。もし疲れているときだけうまく追従できなければ、ビジョントレーニングより基礎体力の向上が必要かもしれません。

周辺部の感知力【→P43〜P48】

　周辺部の感知力は、実技練習が終わってから補強運動として行っても問題ありません。追従性眼球運動と同じく、疲れているときに、あえて行って、疲れているときと疲れていないときの違いを確認しましょう。

体幹筋力の強化【→P49〜54】

　体幹が安定すれば、見方が安定して手足の動きを上手にコントロールできるようになります。そこで、強度の低い体幹強化【→P49〜50】は眼の動的ストレッチと同じく毎日継続しましょう。

　ただし中程度の体幹強化【→P51】と、強度の高い体幹強化【→P52〜54】は、週に 2 回程度の実施で十分です。休養日を入れて行うことで、毎日行うよりトレーニング効果が高まります【→P56】。

トレーニング効果の現れ方

　ハードなトレーニングを行うと筋肉は疲れます。柔軟性【→P24】をはじめとした体力要素も一時的に低下しますが、休養することで回復します。その回復する過程で、最初のレベル以上に回復することを超回復といいます。この効果を得るためには、休養が必ず必要になります。

　トレーニングを行うと疲労によって筋の活動水準は一時的に下がりますが、休養によって元のレベルより高くなります。そして再びトレーニングを行うと疲労によって向上したレベルからまた一時的に下がりますが、休養によってさらに高いレベルまで回復していきます。

　トレーニングの効果とは、このように波のような形で徐々に上がっていきます（図55）。中程度の体幹強化【→P51】と、強度の高い体幹強化【→P52〜54】は、休養日を入れながら行いましょう。

　またトレーニング直後の疲労が高まっているとき、何もしないで休むより軽く身体を動かしたほうが早く回復します。偏った動きを改善するアクティブレスト【→P33】と同じ考え方で、トレーニング後にはクールダウンとして軽い有酸素運動【→P26】やストレッチが効果的です。有酸素運動と身体のストレッチに加えて、眼の動的ストレッチ【→P35〜P38】も加える習慣をつけ、コンディションを維持してトレーニング効果を上げていきましょう。

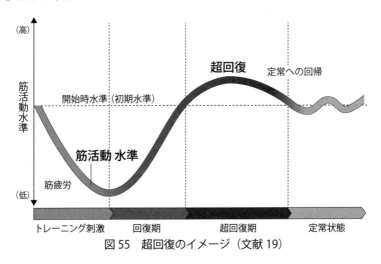

図 55　超回復のイメージ（文献 19）

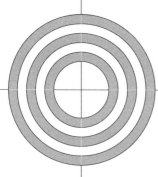

第 4 章

ビジョントレーニング 基礎編
機器を使う

◎ 専用機器を使う

　ビジョントレーニング用に開発された専用機器V-training 2G（東京メガネ社製）を使う方法を紹介します。V-training 2Gのトレーニングモード（図56）にはビジョントレーニングを行うために開発された6つの専用プログラムがあります（表3）。

　専用機器（V-training 2G）を使う大きな利点は、スポーツ選手に必要なフィジカル10項目【→P24】全てのトレーニングを誰でも同じ条件でビジョントレーニングと絡めて行うことができること、ビジョントレーニングの正確性・再現性が優れていることです。

図56　V-training 2G トレーニングモードの画面

表3　V-training 2G トレーニングモードの専用プログラム

①眼と手／身体の協応動作	【→ P59】
②瞬間視記憶	【→ P60】
③空間認識	【→ P61】
④周辺部の感知力	【→ P62】
⑤中心部／周辺部の感知力	【→ P63】
⑥眼球運動	【→ P64】

V-training 2G　トレーニングモード

①眼と手／身体の協応動作

　ランダムに点灯する目標物を見て指でタッチする「眼と手／身体の協応動作」によって、適応力を向上させます。

■実施方法

　画面から約40cm離れた位置に立って、ランダムに表示される10個の目標物（円形ライト）を、眼で捕捉して指でタッチします。

　結果は4つのエリア別にタッチに要した時間が5段階で表示されるので、エリア別の反応速度の差異を客観的に確認できます（図57）。

■難易度設定

初級：ランダムに点灯する画面の区画が最小サイズ
中級：ランダムに点灯する画面の区画が中サイズ
上級：ランダムに点灯する画面の区画が最大サイズ

■トレーニング手順

①点灯する目標物を眼の動きだけで捕捉することを目指します。
②眼で捕捉した目標物を指で正確に速くタッチすることを目指します。
③反応が遅いエリアを客観的に確認してトレーニングすると効果的です。

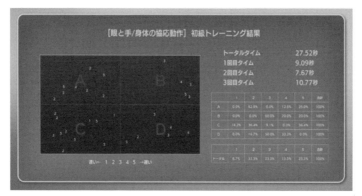

図57　V-training 2G（眼と手／身体の協応動作）

②瞬間視記憶

瞬間的に表示される数字を見て記憶する「瞬間視記憶」によって、中心部の感知力を高めます。

■実施方法

画面の中心部に0.1秒間だけ表示される、9個の数字とそれぞれの表示位置を記憶します。質問画面で出題される数字と記憶した数字が同じ位置を、指でタッチして回答します（図58）。表示されるサイズは約1m離れて見たとき、注視点が4°の範囲となるように設定されています。

■難易度設定

初級：出題される数字1個
中級：出題される数字2個
上級：出題される数字3個

■トレーニング手順

①9個の数字と表示位置を見て瞬間的に記憶することを目指します。
②出題される数字と同じ表示位置を正確に回答することを目指します。
③素早く回答することを意識してトレーニングすると効果的です。

図58　V-training 2G（瞬間視記憶）

③空間認識

　移動する目標物と他の対象物との位置関係を俯瞰図としてイメージする「空間認識」によって、視覚化の能力を向上させます。

■実施方法

　ランダムに動く目標物（赤色の逆円錐形）と他の対象物（赤色以外の逆円錐形）との最終的な位置関係（図59）を真上から見た俯瞰図に置き換えて、目標物（赤色の逆円錐形）が移動した位置に相当する座標を指でタッチして回答します。

■難易度設定

初級：目標物（赤色の逆円錐形）2個／低速で動く
中級：目標物（赤色の逆円錐形）3個／中速で動く
上級：目標物（赤色の逆円錐形）3個／高速で動く

■トレーニング手順

①複数の目標物すべての動きを見逃さないことを目指します。
②目標物が移動した位置を俯瞰的にイメージすることを目指します。
③移動した位置に相当する座標を正確に回答することを目指します。
④速く回答することを意識してトレーニングすると効果的です。

図59　V-training 2G（空間認識）

④周辺部の感知力

中心部から周辺部へ放射状に広がる目標物の動きの違いを感知することで、「周辺部の感知力」を高めます。

■実施方法

両眼は画面中央に固定して行います。目標物（☆）は、左右に3個ずつ配置されていて回転しながら放射状に移動します（図60）。移動中、他の☆より回転速度が速いものが左右どちらかに1個、または左右に1個ずつ2個あります。質問画面で回転速度が速かったものを指でタッチして回答します。

■難易度設定

初級：目標物（☆）1個（左右どちらか）速く回転／低速で放射状に移動
中級：目標物（☆）2個（左右に1個ずつ）速く回転／中速で放射状に移動
上級：目標物（☆）2個（左右に1個ずつ）速く回転／高速で放射状に移動

■トレーニング手順

①左右の周辺部で動き（回転速度）の違いを感知することを目指します。
②回転速度が速い目標物を正確に感知して回答することを目指します。
③感知後に素早く回答することを意識してトレーニングすると効果的です。

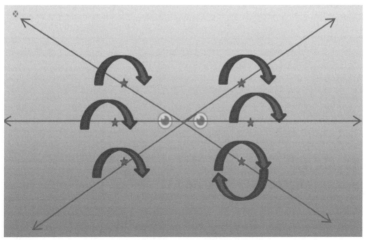

図60　V-training 2G（周辺部の感知力）

⑤中心部／周辺部の感知力

　周辺部から中心部へ移動する目標物の色の違いを感知することによって、「中心部と周辺部の感知力」を高めます。

■実施方法

　両眼は画面中央に固定して行います。画面左右端からそれぞれ４個の目標物（色柄は３種類：青横縞、赤ドット、黄縦縞）がランダムに出現して、中心部に水平移動します。目標物は画面中央の青いエリアに到達すると見えなくなるので、その前に目線の位置に不規則に表示される色と同じ目標物を指でタッチします。

■難易度設定

初級：目線位置に表示される色柄は２～３回変わる／低速で水平移動
中級：目線位置に表示される色柄は３～４回変わる／中速で水平移動
上級：目線位置に表示される色柄は４～５回変わる／高速で水平移動

■トレーニング手順

①目標物の色柄を正確に感知して回答することを目指します。
②中心部に向かって移動してくる目標物の色柄を、できるだけ早い段階（中心部から離れた周辺部）で感知することを目指します。
③感知後に速く回答することを意識してトレーニングすると効果的です。

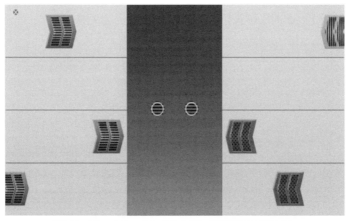

図 61　V-training 2G（中心部／周辺部の感知力）

⑥眼球運動

　眼を動かして動く目標物を捉える「眼球運動」によって、追従性眼球運動を高めます。

■実施方法

　画面下中央の棒状の表示エリア（バー）に指を当てた状態から始めます。あらゆる方向に直線的に移動する目標物（黒丸：●）を目で追従し、目標物の色が黒から白（白丸：○）に変化したら、指を素早くバーから離します（図62）。再びバーに指を当てて繰り返します。目標物の色は1セット中に3回変わります。これを3セット行います。

　結果は1回ごと、1セットごとの指をバーから離す（反応時間）も表示できるので、それぞれの動きに相当する反応速度の違いを客観的に確認できます。

■難易度設定

初級：目標物は大サイズ／あらゆる方向に低速で直線移動
中級：目標物は中サイズ／あらゆる方向に中速で直線移動
上級：目標物は小サイズ／あらゆる方向に高速で直線移動

■トレーニング手順

①移動する目標物を眼の動きだけで追従することを目指します。
②目標物の色の変化にできるだけ速く反応することを目指します。
③反応時間を客観的に確認してトレーニングすると効果的です。

図62　V-training 2G（眼球運動）

◉ US Air Force Academy (USAFA)
Human Performance Laboratory (HPL) のビジョントレーニング

　US Air Force Academy（USAFA）では、約4000人の士官候補生が学んでいます。25%はリクルートされたアスリート達です。USAFAの中にHuman Performance Laboratory（HPL）があります。

　HPLはスポーツ科学の原点を応用し、士官候補生とアカデミーのアスリートの能力を向上するためのトレーニングセンターです。ここでは士官候補生や運動選手のパフォーマンス、栄養習慣、身体全体のフィットネスレベルを向上させるためのさまざまな生理学的テストを実施しています。

　トレーニング施設の1つとしてHyperoxic Tent（図63、高酸素テント）があり、これは海面の酸素状態をシミュレートします。アスリートがインターバルまたは最大努力トレーニングを行うために利用し、骨格筋をさらに適応させ運動能力を向上させるために利用します。

　HPLでは、このようにアスリートや士官候補生のためにさまざまな科学的なトレーニングを行っています。そしてスポーツパフォーマンスのための専用機器を使うビジョントレーニングも行っています。

図63　Hyperoxic Tent（高酸素テント）

⊙ Vision Testing and Training Board
– USAFA Customized Eye Chart System

6つのフレームを壁に取り付け、それぞれのフレームの中にカードを差し込み、眼のトラッキングと眼の焦点のトレーニングを行います。

コンビネーションチャート：文字と数字の混ざったカード（図64）を表示し、60秒間に何文字読むことができるかを測定します。時間の制約は個人によって異なります。また最初の数週間で読み取るスピードが向上します。

図64 the Combination chart Letters and Numbers

カスタマイズされたパネルは移動可能なので、フレーム内で高さと幅を調整することができます。コンビネーションチャートは、フレームに沿って水平または垂直にスライドできるようになっています。

図65 Vision Testing and Training Board

EyePort Vision Training System

　追従性眼球運動、衝動性眼球運動【→P7】をトレーニングすることができます。あるターゲットから別のターゲットに素早く正確に移動する眼の能力を向上させます。

　EyePort Vision Training Systemは、ビジョンパフォーマンスの向上を目的としています。眼を水平方向、垂直方向、対角線方向、近距離、遠距離の全範囲で動かします。狙いを定め、追従し、集中する能力を向上させることができます（図66）。

　このデバイスは電池で動くので軽量です。持ち運びができるため多目的に利用できます。

図66　EyePort Vision Training System

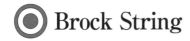 Brock String

Brock String（図67）は、眼球運動をトレーニングします。

一番近くのビーズを見るとき、両目で交差した線を1本に見ることができるようにします。

次に遠くにあるビーズを見るときも同じように、交差した線が1本に見えるようにトレーニングします。

その後に、今度は近くのビーズを見て同様の運動を繰り返します。

非常に単純なデザインと使用方法ですが、遠いビーズを見ることはとても難しく、簡単な方法で効果的なトレーニングができます。

図67　Brock String

◉ Near and Far Chart

　衝動性眼球運動【→P7】をトレーニングします。あるターゲットから
別のターゲットに素早く正確に移動する眼の能力を向上させます。

　文字と数字が記載されている、とても小さいカード：Near Chart（図
68）を手に取り、3m（10フィート）先に全く同じ文字と数字のカード：
Far Chart（図69）を用意します。

　Near Chartのはじめの1行目を読んで、その後にFar Chart（図69）の
1行目を読み取ります。2行目以降も同様に行います。

図68　Near Chart

図69　Far Chart

Dyna Vision/Reflexion

Dyna Vision

　Dyna Visionは視覚運動反応をトレーニングする機器です（図70）。視覚刺激に対する反応を向上させます。

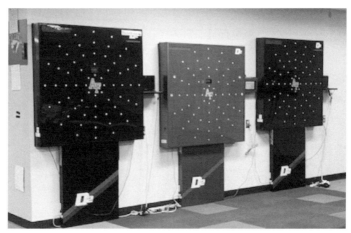

図70　Dyna Vision

Reflexion

　複数のライトがいろいろなパターンで点滅するので、そのパターンを覚えて手で押します（図71）。記憶力、反応時間、周辺視野、手と眼の協調性、パターン認識、決断力を測定することができます。高さの調節が可能です。

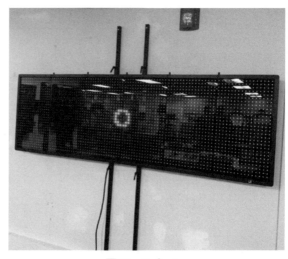

図71　Reflexion

Fitlight/Senaptec Eye glass

Fitlight

　Fitlight（図72）は、LEDライトが装備されているワイヤレスのトレーニング機器です。反応時間、スピード、敏捷性の調整をターゲットにして、パフォーマンスを確認することができます。

　これらはさまざまな構成で床や壁に配置でき、多種多様なスキルトレーニングが可能となります。

Senaptec Eye glass

　Senaptecは眼と脳、そして身体の間のつながりをトレーニングするようにデザインされています（図73）。液晶技術を使用して、レンズは透明と不透明の間で完全遮断、一部分の遮断などさまざまなパターンで点滅することで、視覚的な情報を減らし、効果的なリアクションのトレーニングができます。

図72　Fitlight

図73　Senaptec Eye glass

Makoto Training Arena

　三角形を囲むように高さの異なるライトが埋め込まれており、リアルタイムスポーツに近い環境で脳と中枢神経系のパフォーマンスの向上を図る機器です（図74）。Fitlight【→P71】と組み合わせても使用できます。

　三角形の中央（図75）に立ち、プログラムが始まると点灯するライトを手（または足）で押して、そして元の中央の位置に戻ります。これを繰り返します。

図74　Makoto Training Arena

図75　Makoto Training Arena（立ち位置）

Eye Speed Concentration Trainer

　ボードの中に、数字が記載されている絵があります（図76）。絵はマジックテープで配置されているので、再配置することが可能です。

　絵の配置が異なる2つのボードを用意して左右に設置します。

　トレーニングパートナーが、アスリートに口頭で番号と絵を読み上げて、両方のボードから同じ番号と絵を見つけるトレーニングです。

図76　Eye Speed Concentration Trainer

Spinning Wheel Test

　360°回転する2つのボードを3m（10フィート）間隔に配置して、アスリートがその中心から3m離れたところに立ちます。
　回転している2つのボードの中から同じ絵を探し出すトレーニングです。ボードの回転スピードは速くしたり、遅くしたりすることができます（図77）。

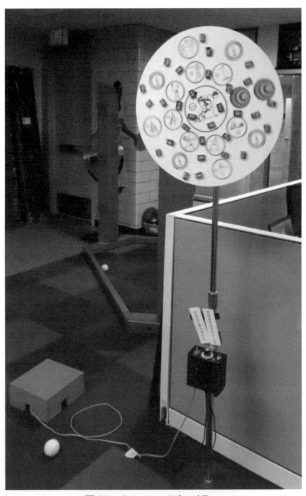

図 77　Spinning Wheel Test

簡易機器を使う

　専用に開発されたわけではない、すでに身近にある既存の簡易機器を使って、ビジョントレーニングを行う方法です。

バランスディスク、バランスパッド

　バランスディスク（図78）やバランスパッド（図79）などの上に立ち、**眼の動的ストレッチ**【→P35～P38】、**追従性眼球運動**【→P39～P42】、**周辺部の感知力**【→P43～P48】のトレーニングを行うことで、体幹の強化になると同時に予期しない動きに対する変換能力も向上します。

　またバランスディスク（図78）やバランスパッド（図79）などの上に立って、**V-training 2Gトレーニングモード**【→P58～P64】でビジョントレーニングを行うことで、視覚矯正のトレーニング効果を高めます。

図78　バランスディスク

図79　バランスパッド

最近の玩具を工夫して使う（タップイット！）

　子どもが身体を動かして遊べる、タップイット！という玩具があります。これは一列に並べた光の色が変わる前に押す（図80）、ランダムに光る色を覚えてその順番に押す（図81）などいろいろな遊び方ができます。アスリートでも使い方を工夫すれば、見る力や決断力を養うことができるでしょう。

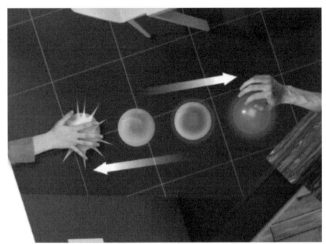

図80　タップイット！（色が変わる前に押す）

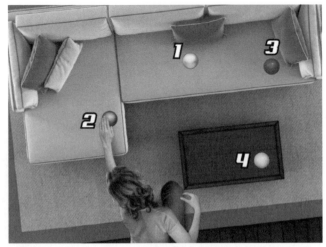

図81　タップイット！（光る順番を覚えてその順番に押す）

昔ながらの玩具を上手に使う（けん玉、かるた）

　日本で昔から行われてきた伝統的な遊びの、「けん玉」や「かるた」も上手に使えばビジョントレーニングになります。

けん玉

　けん玉の有段者に聞くと、「膝を使って行うことが重要」だと言います。けん玉は、まさに眼と手、膝（脚）の協調動作です。さらにけん玉をバランスディスク【→P75】の上で行えば、有段者でも一気に難易度が高くなるでしょう。利き手でない手で行うと変換能力も高まります。

かるた

　かるたは通常の使い方でも、眼と手の協調動作や反応時間の向上になりますが、さらにビジョントレーニングとして行う方法があります。

　床に全札を床に広げて「あ」から五十音の順番で、できるだけ速くタッチしていきます。所要時間を測定すると上達がわかりやすくなります。

　ただ全札を一気に行うのは大変なので、最初は「あ」行から「か」行までの10枚で行うなど、枚数を決めて行うとよいでしょう。

　両手で行うパターン、右手（左手）で行うパターンなど、いろいろなバリエーションで行うとより効果的です。

図82　かるたをビジョントレーニングとして使う

スポーツ眼外傷の予防

スポーツ眼外傷予防の有効なツール

　日本の学校体育部活動（小学校、中学校、高等学校）における、スポーツ眼外傷の多くは球技で発生しています[1]。球技のボールやシャトルが、眼に当たる打撲を防ぐことがとても重要です。

　スポーツのプレー中、スポーツ用保護眼鏡を装用することで球技における眼外傷の多くを防ぐことができます。しかし残念ながら、日本ではスポーツ用保護眼鏡はほとんど使われていません。

　その理由は、競技種目で製品規格がないこと、眼外傷を防ぐ有効性が知られていないこと、価格が高いこと、デザインが限定されてしまうことなどがあげられます。

　スポーツ眼外傷の予防のために有効であるスポーツ用保護眼鏡が、これから普及するためには、規格に合った製品づくり、スポーツのプレーで妨げにならないこと、価格面で安くなること、若者が好むデザインが増えることなど、さまざまな改良、工夫が必要となるでしょう。

眼外傷が起きたとき

　スポーツ現場で眼外傷が起こってしまったとき、まず確認しなければならないことは、眼が開くか、そして見えるかということです[1]。

眼が開かない場合

　重大な場合があるため、無理に眼を開けさせず病院に救急搬送しましょう。

眼が開くが見えない場合

　危険な状態のため、すぐに病院に救急搬送しましょう。

※普段は両目でものを見ているため、視力低下や視野の異常に気づかない場合もあります。そこで自覚症状をチェックする場合は、片眼を閉じて左右別々にチェックすることが重要です。

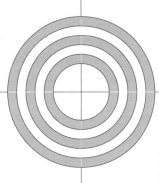

第 5 章

ビジョントレーニング 実践編
練習の中で行う

ビジョントレーニング実践編

　ビジョントレーニングの具体的な実践方法について、具体的な例として野球の一流打者の実践的な見方を、内田順三氏【→P15】の打撃理論から引用して説明します。そしてその理論を他競技へ実践的なビジョントレーニング として応用していく方法を提案します。

ボールの見方の基準
野球における一流打者のボールの見方
1. ボールを見るための準備

　準備は、頭の中で思い描くことで達成されます。投手の球筋を思い出し、頭の中に描きます。このとき、リリースポイント、ボールの回転・動きをとくに詳細に思い出すことが重要です。

　またボールがストライクゾーンに入ってから、インサイドからインサイドへ、インサイドからアウトサイドへ、アウトサイドからインサイドへなどの動きを頭に描きます。

2. 眼でコントロールする

　打席に入る前に、ボールを見て打つまでの一連を考え、分析し、計画を立てます。意識しないで自然に身体が動くように、リラックスして心をスッキリさせます。

3. 眼の動きを一定にする

　集中するタイミングが、早くなりすぎないようにします。投手がワインドアップに入ったら、広い視野で投手を視野に入れます。そして投手が投球モーションで手を広げたら、ボールのリリースポイントのあたりに焦点を合わせます。

4. ボールが離れるところを見る

　ボールが投手の手から離れる瞬間を見ることができるように訓練します。慣れてくれば、無意識に投手の球種までわかるようになります。

5. ボールを眼で追う

　ボールが投手の手を離れてから、自分のバッティングゾーンに到達するまで「3つのゾーン」（図83）に分けて眼で追います。

第1ゾーン…投手のリリースポイントから、ホームプレート間の半分まで
　もし第1ゾーンでボールを眼で追えないとしたら、それは投手のリリースポイントを眼が捉えていないためです。

第2ゾーン…第1ゾーンの終了点から、バッターの2～3メートル先まで
　この地点でボールの回転が、どのように変化しているかに気づけるゾーンです。他選手のバッティング練習中に、ゲージの後ろでボールの回転を見る訓練でボールの変化に気づけるようになります。

第3ゾーン…第2ゾーンの終了点から、インパクトを迎えるまで
　ボールを眼で追うことが最も難しいゾーンです。いい投手の変化球はここで変化が大きく感じます。またストレートは急に速く来るように感じます。

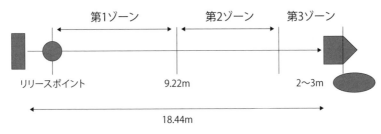

図83　ボールを眼で追う3つのゾーン

　第1ゾーンから第3ゾーンまで、全てのゾーンでボールを追えるようになることが、よい打者になるためのポイントです。
　多くの打者は、コーチから「ボールが見えるか？」と聞かれると、「よく見える」と答えます。しかし大抵は3つのゾーンの中で、2つのゾーンしか眼で追えていないことが多いので、本当に「よく見える」ようにするためにさまざまな練習が必要になります。

見方の基準：他競技への応用①
（テニス、卓球、バドミントン、バレーボール）

　テニスや卓球、バドミントンなど1対1の球技で相手のサーブを受ける
とき、バレーボールなど集団球技でも相手のサーブを受けるとき、野球の
打者が実践している「ボールの見方の基準」は応用できます。

1. ボールを見るための準備

　相手のサーブの軌道を思い出し、頭の中に描くこと、サーブが打たれる
ポイント、ボールの回転・動きをとくに詳細に思い出すことが重要です。
　とくにネット型球技では、ネットを越えてからのボールの動きを頭に描
くことも必要です。

2. 眼でコントロールする

　テニスや卓球、バドミントンなど1対1の球技、そしてバレーボールな
ど集団球技でも、サーブに対してボールやシャトルを見て打ち返す一連を
考え、分析し、計画を立てます。自然に身体が動くように、リラックスし
て心をスッキリさせます。

3. 眼の動きを一定にする

　集中するタイミングが、早くなりすぎないようにします。相手がサーブ
を打つ動作に入ったら、広い視野で視野に入れます。そして相手がモーシ
ョンで手を広げたら、ボールやシャトルが手やラケットから離れるあたり
に焦点を合わせます。

4. ボールが離れる所を見る

　ボールやシャトルが、手やラケットから離れる瞬間を見ることができる
ように訓練します。

5. ボールを眼で追う

　テニスのプロ選手のサーブはとても速く、男子選手のギネス記録は時速
263kmです[2]。ここまで速い速度では、ボールすべての軌道を眼で追うこ

とはできません。そこでボールの打点、ネットを基準にして、いくつかの
ゾーンに分けて眼で追うことが有効です。

見方の基準：他競技への応用②
（アーチェリー、弓道）

　野球は自分に向かってボールが近づいてきますが、アーチェリーや弓道
は自分から矢が離れていきます。野球の打者が実践している「ボールの見
方の基準」の発想を変えて応用しましょう。

アーチェリーのエイミング（的を狙うこと）
1. 矢を射るための準備
　自分の矢の軌道を思い出し頭の中に描きます。矢は雨や風の影響を受け
やすいため、天気の状況をしっかり考える必要があります。晴れの日の軌
道、風が強い日の軌道、雨の日の軌道などさまざまな状況や環境に合わせ
て、詳細に思い描くことが必要です。トップアーチャー（アーチェリーの
トップレベル選手）は、矢が真っすぐ飛んでいく状態や風で蛇行する状態
などを、無意識にチェックして認知する習慣ができています。

2. 眼でコントロールする
　矢を放す前に、それまでの一連を考え、分析し、計画を立てます。自然
に身体が動くように、リラックスして心をスッキリさせます。

3. 眼の動きを一定にする
　アーチェリーの標的の直径は122cmですが、得点の高い中心部分は
12.2cmしかありません。最初に照準器のサイトピンを見て焦点を合わせます。

4. 矢を眼で追う
　矢は弓から放す直前には眼のかなり下にあるので、矢に集中する（眼で
追う）タイミングが早くなりすぎないようにします。打ち出した直後には
矢の動きを一瞬見失いますが、15mから20mくらい先の位置で認識でき

るので、そこから矢を感じながら的への目配りをすることになります。

　トップアーチャーが放つ矢は、時速250km[2)]で飛びます。この速度で飛ぶ矢を初心者が眼で追うことは難しいでしょう。矢のスピードは弦の張りが強いほど速く、弦の張りが弱いほど遅くなります。強い弦を引くためには高い技術が必要なので、段階的にレベルアップしていく技術に伴って、矢を眼で追う能力も向上していきます。

　矢を眼で追うとき、追従性眼球運動【→P7】と衝動性眼球運動【→P7】のどちらが正解とはいえません。トップアーチャーは、矢の軌道を「見る」というより「感じている」からです。指導者の言葉を鵜呑みにするのでなく、自分に合ったエイミングを見つけることが重要です。

◎ 見方の基準：頭の位置と背骨の動きに気をつける

　小学生高学年になると歩行動作で蛇行せず、頭を水平に保ったまま真っすぐに歩けるようになります。しかし歩きながらバランスを取り続けるためには、支点になっている側の腰が高くなり、それに伴って背骨も横方向に傾く傾向があります（図84）。

　この背骨が横方向に曲がることは、常に頭を水平に保つための自然な行為です。しかし体幹筋力の弱い子どもは、歩いたり走ったりするときに背骨が横方向に曲がる傾向がより大きくなったり、身体を強く捻る動作で背骨が真っすぐの状態を保ったまま捻ることが難しく、背骨が横方向に曲がりながら身体を捻ることがあります。

　この背骨の左右の揺れは、頭部の安定を保てないだけでなく身体の色々な部位、とくに腰に

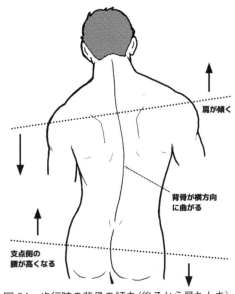

肩が傾く

背骨が横方向
に曲がる

支点側の
腰が高くなる

図84　歩行時の背骨の傾き（後ろから見たとき）

大きな負担をかけてしまいます。これらを予防するためにも、また頭の位置を固定するためにも体幹筋力の強化【→P49】が重要です。

◎ 野球：よい打者の条件① 見る仮想ラインをつくる

　自分の眼から、投手が投げるボールに「仮想のラインをつくる」。

　これはレベルの高い練習ですが、とても重要です。元読売巨人軍の松井秀喜選手は、打席で構えて投手を見た後、顎を引く動作を何回か繰り返して下を見ていました。あれは見る仮想ラインをつくるための動作だったそうです。

　見る仮想ラインをつくるということは、見る目標をつくるということです。よい打者は、第1ゾーンから第3ゾーンまで【→P81】、3つのゾーン全てでボールを追いながら見続けることができます。さらに松井選手は、第3ゾーンでボールが自分に向かってくる仮想のラインを頭の中でつくり、そのライン上に視線をセットしていたのです（図85）。

　両眼で見るほうが距離感をつかみやすくラインをつくりやすいので、顔を投手に向けて構えられればよいのですが、構え方や見方には個人差があります。少しオープンスタンスで構えたほうが、ラインをつくりやすいという場合もあります。

　よい打者の見る仮想ラインを参考にして、自分の競技に応用できる見るラインのつくり方をいろいろと試してみましょう。

図85　見る仮想ライン（イメージ）

野球：よい打者の条件②　見ない部分をつくる

　ビジョントレーニングは、見るトレーニングというイメージがあります。しかし自分の弱いところを意識して見ない部分をつくること、見ない意識をつくることもビジョントレーニングです。

　バッターは誰でも自分が長打を打つことをイメージして、長打が打てるゾーンを見ようとします。しかし全て打とうとしない、あえて「死角」をつくってバットを振らないゾーンをつくることも大切です。

　高めのコースは打者の目線に一番近くに来るボールです。眼に近ければボールが見やすいともいえますが、ボールは止まっているのではなくプロ野球では150km/hを超えて向かってきます。そのため球速が速くなるほど、眼とボールの実際の距離よりも近くに向かって来るような錯視が起こって打ちにくくなります（図86）。カーブが打者の手元で大きく変化するというのも錯視です[22]。逆に低めのコースはバッターの目線から一番遠くを通るボールのため距離感がつかみにくく、打ちにくいコースになります。

　高め、低めがどうしても打てない場合は、2ストライクまでは割り切って見ない部分にする考えもあります。ただし2ストライク後は四隅のストライクゾーンへも気を配り、しっかりボールを選ぶ必要があります。そのためには重心の置き方を変えたり、スタンスを変えたりしますが、これらの発想は全て眼から始まっています。眼がよいとは、ヒットを打つだけでなく、ボールを選んでフォアボールを選べることでもあるのです。

図86　距離感を錯視しやすい（イメージ）

野球：よい打者の条件③ より長く見る

視線は追う対象より速く動く傾向があるため、打者は投手の手からボールが離れたら、球道の3〜4m先を追い越して見ることになります。「投手がボールを持ったら、持っている手から眼を離すな」というのはプロ野球の鉄則です。投手の手から眼を離さず集中して見続ける習慣をつけることから、ボールの動きをできるだけ長く追従して見る訓練をしましょう。

近年、プロ野球ではフライボール革命といわれる、フライ（飛球）を打つ考えが広まっています。これはメジャーリーグで、内野も天然芝の球場が増えたことに伴って、グラウンダー（ゴロ）では芝で打球の勢いが弱まるため、ヒットゾーンが少なくなることから始まりました。

フライを打つためには、ボールを地球にたとえると赤道より下を打てばよいといわれます。しかしプロ野球選手でさえ、そこまで見て打つことはできません。長打を打ったときのボールとバットの角度（図87）を確認すると、結果的にボールの赤道より下を打っているという捉え方でよいでしょう。

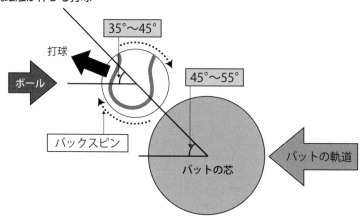

図87 飛距離が伸びるボールとバットの角度（文献22）

野球：よい打者の条件②　見て速く反応する

　元広島カープの正田耕三選手はスイッチヒッターに転向した当初、マシンとホームベースの間に立って打撃練習を繰り返しました。元々右打ちのため、左打席では速いボールにバットが当たりませんでしたが、1週間するとファールチップが、そしてゴロが打てるようになりました。

　その後本来の距離に戻ったとき、打ちにいくための時間（間合い）がつくれるようになり、よい打者の3要素といわれる「スイングスピード、正確性、再現性」が高まりました。正田選手は首位打者を2度獲得しましたが、タイトルを獲得するまで想像を絶する練習量をこなしています。これは誰でもできることではありません。そこで指導者は、子どもでも楽しく取り組めるようにアイデアをたくさん持つことが重要です。

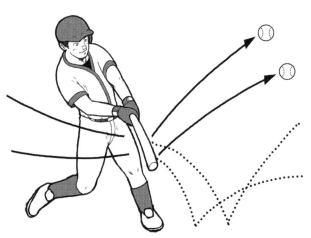

図88　眼で球道をしっかり追って判断して打つ

　見て速く反応するということは、見て単純に反応すればよいのでなく、眼で球道をしっかり追って判断してから打つということです。これを具体的な練習に置き換えると、ティー練習をするときにトスを上げて打たせるのではなく、ワンバウンドさせたボールを打たせる方法があります。

　ワンバウンドのボールを見て、緩いから逆方向へ打とう、速いから引っ張ろう、真ん中だからセンターへというように、眼で球道をしっかり追って判断して打つという練習（図88）です。このようにビジョントレーニングとティー打撃を絡めて行うと効果的です。いろいろな方法を試してみましょう。

野球：よい打者の条件⑤　眼を環境に順応させる

　プロ野球の試合は、主にナイターで行われます。代打の選手は、ベンチ裏の部屋でバットスイングなどを行いながら準備・待機をしています。ベンチ裏のスイング部屋とフィールドでは照明の明るさが違います。フィールドのほうが明るいので、スイング部屋からフィールドに出ると眼が明るさに慣れるまで（明順応※）少し時間がかかります。

　プロ野球で一流の代打専門の打者は、早めにベンチで照明の明るさに慣れておく、代打を告げられてからバッターボックスに入るまであえて少し時間をかけるなど、眼を明るさに順応させるさまざまな工夫をしているそうです。

　最近の脳科学の進歩に伴い、見るという行為は脳で行われていると考えられています。そのため視覚は精神的なストレスに影響を受けます。弱気になったり準備がしっかりできていなかったりすると、プレーでいいものが出なくなることがあるため、明るさの違いで眩しさを感じたり、暗さの違いで見えにくく感じるなどの準備不足でも、精神的にストレスを感じてプレーに影響が出ることがあります。プレーする環境の明るさに眼をしっかり順応させることも、プレー前の準備に入れておく必要があります。

　また加齢に伴って、視覚の中でもとくにスピードの感覚が鈍ってくるため、打者はボールの速さに弱くなります。プロ野球選手が引退するときに「ボールが見えなくなった」などのコメントが出ることがありますが、実際にボールが見えないということはないでしょう。これは見方が順応できなくなり対応が鈍くなった、という表現が正しいといえます。

※明順応、暗順応

　暗いところから急に明るいところに移動したとき、最初は眩しさを感じますが時間が経過すると明るさに慣れます。これを明順応といいます。逆に明るいところから急に暗いところに移動すると、最初は見えにくいですが時間が経過すると暗さに慣れます。これを暗順応といいます。これらを光の強さに対する網膜の感覚順応といいます[1]。

左対左はなぜ投手有利なのか？

　プロ野球の右投手の割合は、例年約65〜70％といわれています。ア
マチュアを含めて右投手の占める割合は左投手より多いため、打者は右
投手と対戦する機会が多くなります。

　左右の打者から投手を見たとき（図89）、右投手のリリースポイント
は左打者の方が見やすい（視野を確保しやすい）ことがわかります。さ
らにボールが対角線に向かってくるため、軌道が見定めやすくなりま
す。

　逆に左投手と左打者が対戦するときは、ボールのリリースポイントが
見えにくくなります。さらに角度のつくカーブなどは視野から外れやす
く、自分の背中から曲がってくるような感覚になることがあるため打ち
づらくなるのです。

　プロ野球では右投手がピンチを招いた局面で、左打者が代打で告げら
れたら、すぐさま左投手にスイッチするというシーンがよくあります。
左投手対左打者では、左投手に視野の確保、視野を外すという大きなア
ドバンテージがあるので投手有利なのです。左の強打者に対して、ワン
ポイント（左打者1人と対戦して交代すること）でも左投手にスイッチ
するのはこういった理由からです。

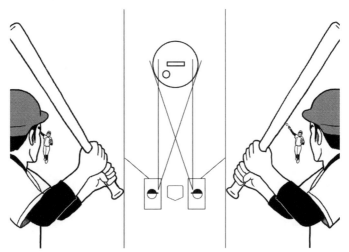

図89　左右の打者から投手を見たとき（文献22）

◉ 特殊な見方：投手のストライクゾーンの見方

大まかな見方から確実なコントロールを養う

投手がコントロールをつける投球練習をするとき、ストライクゾーンを左右高低3つに分けて合計9つのマスで、まず高めの3つのマス、内角の3つのマスというように、3つのマスをまとめて見る訓練をすると有効です。

そして3つのマスから2つのマス、最後に1つのマスをしっかり見て投げるというように、ステップアップさせていくと効果的です。時間がかかるかもしれませんが、この「大まかな見方」から始める練習で、どこか1つでも確実に投げられるマス（コース）を見つけることができれば、そこから自分の投球で有利な配球ができるようになります。

ストライクゾーンを対角線上・直線上で見る

3つのマスを見る「大まかな見方」から、徐々に2マス→1マスと「的を絞る見方」を練習し、そのマスに投げることできるようになれば、「対角線の見方」を練習しましょう。

たとえば外角低めに投げた後に対角線の内角高めに投げる、またその逆のパターンで投球する（図90）練習です。「対角線の見方」が慣れてくれば、低めの「真横の見方」、高めの「真横の見方」と直線上の四隅を見て投げるというように、見方とコントロールを絡めてトレーニングすると効果的です。

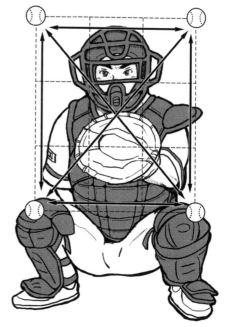

図90　対角線上・直線上を見て投げる

特殊な見方：剣道における「遠山の目付」

　武道では「一眼、二足、三胆、四力（いちがん、にそく、さんたん、しりき）」といわれるように、眼の使い方が重要視されています。とくに剣道には「遠山の目付（えんざんのめつけ）」といわれる特殊な見方があります。

　遠山の目付とは、構えのとき相手の顔を中心に遠くの山を見るように身体全体を見ることです（図91）。相手の身体全体を見ることで、さまざまな情報を得て迅速かつ柔軟に相手の動きに対応することと考えられています。

　そのためには視点を一カ所に集中させて相手を見る（中心視【→P8】）のではなく、相手の身体全体を見る意識が大切になります。こうした目付（見方）の考え方を、他競技に応用していくことも必要でしょう。

図91　剣道における「遠山の目付」の概念（文献25）

一眼　二足　三胆　四力
　剣道を修行する上で重要な要素を、その重要度に応じて示した言葉。第一に眼の働き、第二に足さばき、第三に何事にも動じない強い気持ち、そして第四に思い切った技およびそれを生み出す体力の発揮が重要であるとされている[24]。

目付け
　目のつけどころ。相手の目を見ながら身体全体に意を配ること[24]。

遠山の目付
　遠い山を見るときに1本の木を見ないように、相手と対峙したとき、打ちたい打突部位だけを見るのではなく、相手の全体を見ておくことが大切であるという教え。反対に打突部位を見て打とうとすると、相手に気付かれてしまう[24]。

眼と身体の協応動作：捕手（予測できる動き）

　捕手は投手が投げるボールを捕球するとき、手だけで捕球しているのではなく、常にフットワーク（足の動き）も使って捕球しています。

　投球が捕手の手前でバウンドするときもあります。ホームベースの手前でバウンドするときと、ホームベース上でバウンドするときではボールの跳ね方が大きく変わります。固いホームベース上でバウンドすると、ボールは大きく跳ねて後逸する危険があります（図92）。

　捕手はボールがバウンドする場所をまず見て、その後の跳ね方（動き）をある程度予測し、手だけでなくフットワークを使って反応すること、捕球できなくても後逸させないことが重要です。

　外野手からバックホームの送球を捕球するときも、送球の高さ、速さ、軌道、バウンドした場所をまず見て、その後の動きを予測して反応することが必要です。送球が低い軌道ならワンバウンドでも捕球しやすいのですが、山なりの軌道なら大きく弾んで捕手の頭を越えることがあります。

　またピッチャーマウンドは盛り上がっている（最も高い部分で地面から25.4cmの高さ）ので、センターからの送球がマウンドでバウンドすると、大きく軌道が変わってしまいます。

　捕手が送球からバウンドするボールを捕球する場合、ボールの軌道（高さや低さ）やボールの勢い、さらにどこでバウンドしたのかをしっかり見ることが重要です。そして、その後の軌道・跳ね方までを瞬時に予測して、捕球できなくても、身体で止めて後逸させないことが重要です。

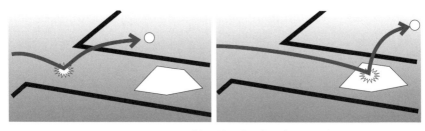

図92　ワンバウンドと跳ね方の違い

◎ 眼と身体の協応動作：
サッカー ゴールキーパー（予測が難しい動き）

　サッカーやフットサル、ホッケー（アイスホッケー、フィールドホッケー）、ラクロス、ハンドボール、水球などのゴールキーパーは、相手のシュートからゴールを守るという共通点があります。そのためゴールキーパーは、眼と身体の協応動作がとても重要です。

　サッカーのキッカー（ボールを蹴る選手）は、ボールを蹴る位置や強さでボールに変化をつけます。ボールの中心より外側を蹴ると、強い回転がかかるので左右に大きく曲がる「バナナシュート」になります。

　ボールの中心を強く蹴ると、ボールが揺れながら進むため軌道が安定しません。このシュートはボールが回転しないので、「無回転シュート」とも呼ばれます。バナナシュートや無回転シュートは、動きの予測がとても難しいので、ゴールキーパーは手だけでなく身体全体でボールを止めます。

　攻撃側はペナルティーエリアで守備側に反則があったとき、ペナルティーマークからボールを蹴って直接得点することができます（図93）。ゴールキーパーは、キッカーと1対1で対峙してゴールを守ります。守備側のゴールキーパーはボールが蹴られるまで、キッカーに面して両ゴールポストの間のゴールライン上にいなければなりません。ゴールキーパーはキッカーの動き、蹴り方（ボールのどこの位置を、どのように蹴るのか）をよく見て、さまざまな予測が難しい動きに反応する訓練が必要になります。

図93　ペナルティーキック（イメージ）

◎ 眼と身体の協応動作： ホッケー キーパー（予測できない動き）

　フィールドホッケーで、シュートのボールの速さは最速で時速180km といわれます[2]。ゴールキーパーは眼で追えないほど速いボールの予測できない動きに対応しなければならないため、サークル（14.63m）の内側であれば身体全体でボールを止めます。そのため安全の確保が大前提になります。

　フィールドホッケーでは、ゴールキーパーに限りボディプロテクター、レガード（すねあて12インチ以下のもの）、キッカー（足の甲あて）、グローブ、ヘルメットなどの使用が許可されています（図94）。

　至近距離から打たれるボールは、眼で追えないほど速く予測できないので、身体で止めたり足で蹴ったりして止める必要があるからです。ゴールキーパーはサークル内で全身を使って、最後の守護者として身体を張ってゴールを守っています。

図94　ゴールキーパーの装備（文献 2）　by KleeKarl

◉ 眼と身体の協応動作：ホッケー プレーヤー（予測できない動き）

フィールドホッケーでは、予測できない速いボールの動きに対して、安全を守るためにゴールキーパー以外のプレーヤーが、フェイスマスクを装着できる場合があります。

ホッケー競技規則（2019）[26] には、「ペナルティコーナー※及ペナルティストローク※の実施中、サークル※内でその守備を行う場合、顔に密着するようなフェイスマスクの装着が許される。フェイスマスクの装着は、ペナルティコーナーでの守備を安全に行うことが目的である」と記されています。

至近距離からゴールへ向けて打たれるボールは、眼で追えないほど速く予測できないので、プレーヤーがゴールを守るときも、安全のためにフェイスマスクを装着できるのです。

ホッケー用語[27]

※**ペナルティコーナー**：サークル内で、守備側の選手が反則をした場合、もしくはサークル内であっても22.9mラインからゴール側のエリアで守備側の選手が故意に反則をした場合に、攻撃側に与えられるセットプレー。ゴールポストから10m以上14.63m以下の間のバックライン上で行われる。

※**ペナルティストローク**：サークル内において、守備側の選手が故意の反則をした場合、もしくは守備側の選手により、故意ではない反則が行われ、それによっておそらく入っていたであろう得点が妨げられた場合に、攻撃側に与えられるプレー。

※**サークル**：半径14.63m（16ヤード）のゴール前の半円。ホッケーではこの中からのシュートしか得点が認められない。つまり、サッカーのようなロングシュートはない。この中で守備側が反則をすると、ペナルティコーナー、あるいはペナルティストロークが攻撃側に与えられる。

コラム

見えない動きへの対応（バドミントン）

　バドミントンで男子のスマッシュの初速は、ラケット競技の中で最も速く時速500kmに近いといわれています[2]。これは眼で見えない・眼で追えない速度です。そのためバドミントンのルールにはさまざまな工夫がされています。

　バドミントンにはプレーの判定を、映像のスロー再生で確認するインスタントレビューシステム（IRS）というルールがあり、このシステムが使われているコートでは、プレーヤー／ペアは、線審の判定、あるいは主審の判定にチャレンジ（確認）することができます。

　逆に判定する審判が、IRSを要求することもあります。線審が任命されていないときや、線審が判定できなかった場合で主審も判定できなかったとき、このシステムが使われているコートでは、主審は「アンサイテッド（見えませんでした）」とコールして、それと同時に主審の頭上に左手を挙げIRSを使っての判定を要求します[28]。

　プロ野球やVリーグ（バレーボール）でも、審判の判定に対してチーム／監督からの要請で、映像のスロー再生でチャレンジ（確認）できるルールがあります（プロ野球では審判に確認することを、チャレンジでなくリクエストといいます）。しかしバドミントンは、審判から映像での確認を要求できることから、いかにシャトルの動きが速いのか、いかにシャトルの落下地点が見えにくいのか、などを物語っています。

　中学校・高等学校の学校体育部活動のバドミントン部では、眼部外傷が多く発生しています。眼部外傷の割合は、中学校：14.1%、高等学校：8.3%です[1]。これはシャトルの動きの速さに起因していることは間違いありません。シャトル（図95）のコルク部分は眼窩に深く陥入する[29]ので、もし運悪く眼に当たると眼球破裂などにつながる[21]ことがあります。

　とくに男子と女子のペアで試合を行う場合、女子は男子のスマッシュのスピードに注意が必要です。シャトルの見えない動きから眼を守るために、スポーツ用保護眼鏡【→P78】などで眼を保護することも効果的です。

図95　シャトル

適応力：動きながら動くボールを見る

　野球で地面をバウンドしてくる打球を放物運動として考えると、ゴロの打球は地面に叩きつけられた反動で跳ね上がり、そして反動エネルギーが放出しきると、そこを放物線の頂点として重力で落下します。

　理想的なボールの捕球地点は、①ボールが跳ね上がった直後（イレギュラーしても対応できる）、②放物線の頂点からボールから落下するとき（イレギュラーすることがない）の2つ（図96）です。

　しかし内野ゴロで、放物線の頂点からボールから落下するまで待っていると、一塁送球が遅くなりセーフになるため、内野手はできるだけ速く前進してボールが跳ね上がった直後に捕球することが理想です。

　練習からノックをする人のインパクトの瞬間を見逃さず、打球が地面に叩きつけられるときの勢い、跳ね上がりの高さなどを、動きながら動くボールを眼で追って見る【→P7】ことで、その後の軌道が予測できるようになり、ゴロの動きをパターン化して予測できるようになります。

①球の上がり際はイレギュラーしても対応できる
②球の落下中はイレギュラーしないので捕球しやすい
③球が跳ね上がっているときは最も捕球しにくい

図96　理想の捕球地点

適応力：動きながら見る対象を素早く切り替える

　サッカーでボールを蹴るときの理想的なポイントを、バウンドするボールの運動エネルギー（図97）から考えると、放物線の頂点からボールから落下するとき、そしてボールが跳ね上がった直後の2つですが、サッカーではボールが跳ね上がっていく途中でも蹴らなければならない場面があります。

　野球は自分一人で捕球するので、自分で捕球のタイミングを調整することができます。しかしサッカーは、相手チームの選手もボールに向かってくるため、自分のタイミングだけで蹴るポイントを調整することができません。さらにサッカーでは、ボールは地面を転がる・跳ねる

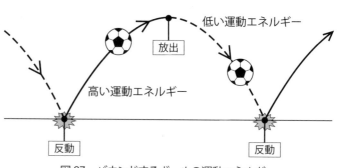

図97　バウンドするボールの運動エネルギー

だけでなく、高く空中に上がる、さらに正面からだけでなく、横から・斜めから・後ろからなどさまざまな動きをするため、ボールの動きをパターン化することは不可能です。

　自分がボールに向かって動いているとき、必ず相手選手も同じスピードでボールに向かって動いています。周辺視野は自分が動かない状況で動くものは認識しやすいのですが、自分が動いている速度と同程度の速度で相手選手が動いていれば、相対速度が同じになるので認識しづらくなります【→P11】。

　そのためサッカーでは周辺視野、追従性眼球運動だけでなく、相手選手の動き、さらに味方選手の動きなど見る対象を素早く切り替えて見る衝動性眼球運動【→P7】が重要になります。そしてフィールドで刻々と変わる自分の位置と相手との位置、距離などを常に確認することで、少しずつ適応力が高まっていきパフォーマンスの向上につながります。

99

視覚化：見えないものを見る

　空手には1人で行う「形（かた）」（型）と、1対1で対戦してポイント数を競う「組手（くみて）」があります。

「形」は、守りと攻撃の技で構成された演武で競いますが、このすべての動きは対戦相手をイメージして1人で行います。目線の先に見えない相手がいるイメージ（図98）で、見えない相手の攻撃から身を守りながら次々に技を出します[2]。

　選手は1人ずつ演武し、7人の審判が採点します。審判は実際に相手がいたときに技が決まるか、戦いに勝てるかどうかを見ています。具体的には、選手の技の正確性、スピード、力強さで評価されます。

　選手は見えない相手と戦いながら、審判には実際には見ることができない現象、つまり見えない相手に勝つ自分の姿を見せているのです。

　実際に見えない現象をより視覚化させるため、選手は見えない相手に勝つという気合いを視線や発声で表現しています[2]。

図98　目線の先に見えない相手がいる
by Martin Rulsch, Wikimedia Commons, CC BY-SA 4.0

【参考文献】

1）一般社団法人日本スポーツビジョン協会［監修 長田夏哉ほか］：スポーツビジョン医科学教本、ブックハウス・エイチディ、2019.

2）望月修：スポーツびっくり図鑑、小学館、2020.

3）枝川宏：スポーツビジョン測定Ⅰ、臨床スポーツ医学：Vol.21、No.3、2004-3.

4）Uchida Y, at al：Origins of superior dynamic visual acuity in baseball players：Superior eye movements or superior image processing. PLos One 7: 1-5.2012.

5）石橋秀幸：楽器を吹きながら身体を使うということ［バンドジャーナル］、音楽之友社、2013.

6）石橋秀幸：演奏家もアスリート 音楽界へスポーツ医学のすすめ、慶應義塾大学スポーツ医学研究センター ニューズレター第22号、2016.

7）石橋秀幸：野球選手ハンドブック、マクドナルド、2019.

8）石橋秀幸：小中学生のための らくストレッチ、学研、2018.

9）高木峰男、飯島淳彦：両眼視の成り立ち③ 立体視の成り立ち b.眼球運動生理学［すぐに役立つ眼科診療の知識 両眼視］、金原出版株式会社、pp21-24、2007.

10）石橋秀幸：アニマルトレーニング［ストライカーデラックス2018 秋号］、学研プラス、2018.

11）一般社団法人全日本交通安全協会：わかる 身につく交通教本、2018.

12）田淵昭雄：両眼視の成り立ち① 両眼視機能の発達［すぐに役立つ眼科診療の知識 両眼視］、金原出版株式会社、pp3-5、2007.

13）栗屋忍：両眼視の発達とその障害、視能矯正学改訂第2版、金原出版株式会社、pp190-201、1998.

14）佐渡一成：スポーツ眼科を取り巻く問題点について、Monthly Book OCULISTA No.58 スポーツ眼科 A to Z、全日本病院出版会、p9、2018.

15）枝川宏：スポーツビジョン、臨床スポーツ医学：Vol.18、No.8、2001-8.

16）枝川宏：アスリートの視力と視力矯正について、Monthly Book OCULISTA No.58 スポーツ眼科 A to Z、全日本病院出版会、p6、2018.

17）枝川宏：トップアスリートの視力と視力矯正、臨床スポーツ医学：Vol.32、No.12、2015-12.

18）長田夏哉：視野を広げた新たな"ビジョン"［日本スポーツビジョン医科学研究 第1号］、一般社団法人日本スポーツビジョン協会、2018.

19）石橋秀幸：「野球体」をつくる、西東社、2008.

20）特定非営利活動法人NSCAジャパン：NSCAジャパン認定 体力トレーニング検定3級問題集、特定非営利活動法人NSCAジャパン 日本ストレングス＆コンディショニング協会、2014.

21）武田桜子：アスリートの眼外傷とその予防、臨床スポーツ医学：Vol.32.No.12、2015-12.

22）石橋秀幸：野球における目の「錯視」、慶應義塾大学スポーツ医学研究センター ニューズレター 第8号、2011.

23）石橋秀幸：レベルアップする！野球 科学・技術・練習、西東社、2010.

24）一般財団法人 全日本剣道連盟：中学校部活動における剣道指導の手引き、2019.

25）加藤貴昭：スポーツ競技における知覚 運動スキル、Vision Vol.25、No.1、30-34、2013.

26）公益社団法人 日本ホッケー協会：ホッケー競技規則（2019年）、日本ホッケー協会公式サイト（www.hockey.or.jp）

27）公益社団法人 日本ホッケー協会：ホッケー用語、日本ホッケー協会公式サイト、2019.（www.hockey.or.jp）

28）公益社団法人 日本バドミントン協会：競技規則、2018.

29）宮浦徹：学校におけるスポーツ眼外傷の実態と対策について、Monthly Book OCULISTA No.58 スポーツ眼科 A to Z、全日本病院出版会、p41、2018.

著者：日本スポーツビジョン協会・日本スポーツビジョン医科学研究会

監修者
内田順三（日本スポーツビジョン協会 参与）
石橋秀幸（日本スポーツビジョン協会 理事・事務局長）

編集協力
Bernard J.Dougherty（日本スポーツビジョン協会 事務局国際交流）
Yuki Dougherty（日本スポーツビジョン協会 事務局国際交流）
青柳 愛（日本スポーツビジョン協会 事務局広報）

協力
長田夏哉、栗原俊英、魚里博、石井哲次、今井丈、米澤和洋、吉田早織、
宮森隆行、吉澤達也、安部聡子、徳政宏一、小西昌仙、鯨井真、戸野真治、
小原光男、生江史和、茂木江利子、田﨑良香

イラスト
浅野将志（図3、図21～42）
今中祐子（図43～54）
塚本建未（図84～86、図88～91、図96）

スポーツビジョントレーニング
基礎と実践

2020年8月1日　第1版第1刷

著　者　日本スポーツビジョン協会・
　　　　日本スポーツビジョン医科学研究会
発行者　松葉谷　勉
発行所　有限会社ブックハウス・エイチディ
　　　　〒164-8604
　　　　東京都中野区弥生町1丁目30番17号
　　　　電話03-3372-6251
印刷所　シナノ印刷株式会社